KB254139

참 좋은 인생을 위한 반짝반짝 참 좋은 말씀

좋은글 다이제스트

참 좋은 인생을 위한
반짝반짝 참 좋은 말씀

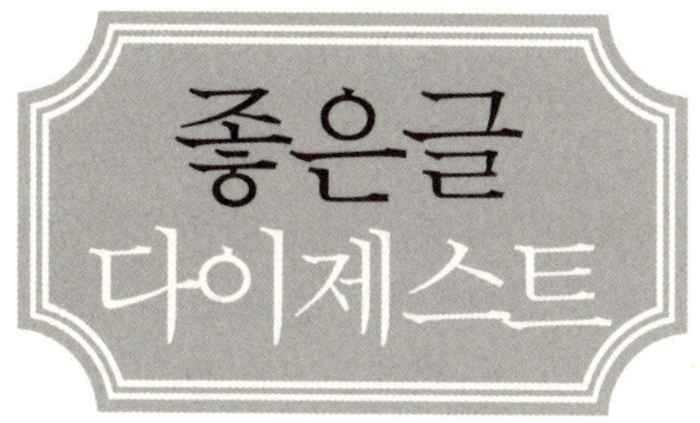

| 김옥림 쓰고엮음 |

씽크북

참 좋은 인생을 위한
반짝반짝 참 좋은 말씀

인생을 살아가다보면 지금과 다른 나로 살고 싶다는 생각을 하곤 한다. 이는 인간이기에 갖게 되는 당연한 현상이다. 그러나 어떻게 하면 지금과 다른 나로 살아갈 수 있을까, 하는 생각에 이르면 가슴이 꽉 막힌 듯 답답함을 느끼곤 한다. 지금과 다른 인생으로 살아가는 것은 결코 쉬운 일이 아니기 때문이다. 하지만 그렇다고 해서 날마다 맞게 되는 오늘이란 시간을 길을 떠나는 손님처럼 보낼 수는 없다.

자신의 인생을 지금과 다르게 살고 싶다면 그만한 수고가 따라야 한다. 그 어떤 인생도 저절로 이루어지는 것은 없기 때문이다. 인생을 변화시키는 것은 여러 가지가 있다. 자신의 롤 모델일 수도 있고, 가르침을 주는 스승일 수도 있고, 한 권의 책일 수도 있고, 친구일 수도 있고, 가슴을 울리는 반짝반짝 빛나는 말일 수도 있다. 특히, 반짝반짝 빛나는 말은 손쉽게 접할 수 있을 뿐만 아니라 그 영향력 또한 대단하다. 세계 최고의 의과대학인 미국 존스 홉킨스 대학을 설립한 윌리엄 오슬러는 평범한 의대생이었다. 그는 자신의 미래에 대해 하루하루를 불안 속에서 지냈다. 그만큼 미래가 불투명하다고 여겼기 때문이다. 그러던 어느 날 "우리들의 중요한 임무는 희미한 것을 보는 것이 아니라, 가까이 있는 분명한 것을 실천하는 것이다." 라는 영국의 사상가 토머스 칼라일의 글귀를 보고는 감명을 받고 최선을 다한 끝에 최고의 의사가 되었으며 존스 홉킨스 대학을 설립한 것이다.

이처럼 참 좋은 말은 인생을 완전히 바꾸게 하는 힘이 있다. 그래서 참 좋은 말을 많이 알아 둘수록 자신의 삶을 값지게 살아가는 데 큰 도움이 된다. 왜냐하면 프랑스 박물학자 뷔퐁의 말대로 '글은 그 사람' 이기 때문인데 이를 바꿔 말하면 말은 곧 그 사람 자신이기 때문이다. 글속엔 그 사람의 사상과 철학이 담겨있듯 말 또한 그 사람의 품격과 배움배움이 담겨 있는 까닭이다. 그러기에 좋은 글을 많이 알아둔다는 것은 훌륭한 인물들을 많이 접하는 것만큼 영향력이 크다고 하겠다.

이 책엔 인생을 값지고 풍요롭게 살았거나 살고 있는 동서고금을 막론한 각계각층의 다양한 사람들의 보석 같은 귀한 말과 필자가 그동안 펴낸 백 권 가까운 책에서 가려 뽑은 다양한 언어들이 언어의 성찬을 벌이고 있다. 이 책 한 권이면 자신이 살아가는 데 필요한 갖가지 귀한 말들을 만날 수 있을 것이다.

지금과 다른 나로 살고 싶다면 반드시 이 책을 곁에 두어라. 그리고 필요할 때마다 하나씩 꺼내 음미하고 마음에 새긴다면 큰 힘이 되어줄 것이다. 이 책을 대하는 모든 분들이 아무쪼록 자신이 원하는 인생을 살게 되기를 간절히 소망한다.

김옥림

|좋은글 1|

지금보다 행복한 삶을 위한 행복의 말

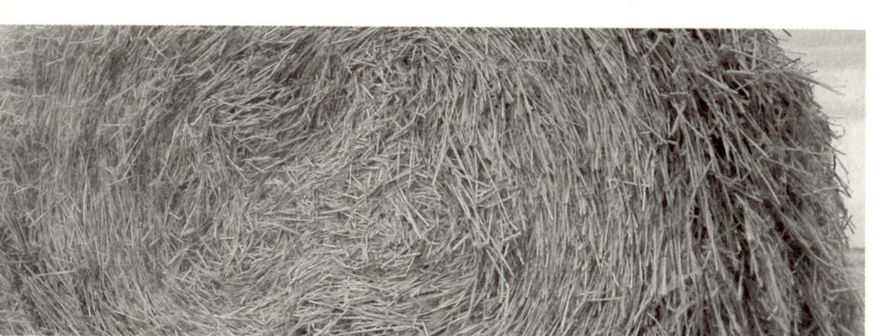

지금보다
행복한 삶을 위한
행복의 말

이 순간 행복하라

이 순간 행복하십시오.
그것으로 족합니다.
우리에게 필요한 것은 매순간이지
그 이상이 아닙니다.
지금 행복하십시오.
그리고 당신이 가난한 사람을 포함하여
타인을 사랑한다는 것을
행동으로 보여 준다면
그들은 행복해 질 것입니다.
그렇게 하는 데 엄청난 수고가
드는 것은 아닙니다.
그저 미소만 지어도 될 때가 있습니다.
모든 사람이 웃을 수 있다면
세상은 훨씬 살기 좋은 곳이 될 것입니다.
웃으십시오.
기뻐하십시오.
쾌활하게 지내십시오.

_루신다 바디

도덕적으로 평안한 사람

인생에 있어서 무엇이 행복하다고 그 가리키는 바가
구구하지만 도덕적으로 안심을 얻은 사람이
가장 행복한 사람일 것이다.
도덕적으로 안심한 사람은 늘 그 마음이
따스한 온기에 차 있다.
사람이 도덕적으로 안심을 못할 적에는
마음의 한 모퉁이가 언제나 싸늘한 법이다.
그러기 때문에 내 마음을 따스하게
보존할 수 있도록 행동하는 것이
행복한 일이다.
불행한 사람을 보면 늘 그 말과 행동이
부드럽지 못하고 평화롭지 못하고
난폭하고 살기를 띠고 있다.
따라서 그 마음속은 언제나 찬바람이 불고 있다.

_채근담

있는 그대로
받아들여라

뜨겁다고 푸념하고 괴로워하지 마라.
가난하다고 고통으로 생각하고 슬퍼하지 마라.
뜨겁더라도 뜨겁다고 괴로워하는
마음을 없애면 절로 시원한 바람이 분다.
뜨겁다고 괴로워한다고
뜨거운 것이 시원해지지 않는다.
가난하다고 슬퍼하기로
가난한 것이 없어지지 않는다.
슬퍼하지만 않는다면 가난한 것도 즐겁다.
보라, 신이 만드는 이 샘물가에서 얻은
한 모금의 물과 자비심 있는 사람에게서 얻은
한쪽 빵과 그리고 별이 반짝이는 하늘을
천정으로 삼은 이 잠자리 외에는
아무것도 가진 것이 없다는 그것의 즐거움을 알라.

_성 프란시스

모든 행복과 불행은
마음의 태도에서 온다

사랑하는 사람과 같이 걷는다면
십리 길을 걸어도 다리가 아픈 줄 모른다.
반대로 마음이 맞지 않는 낯선 사람과
같이 걷는다면 오리 길을 걸어도 싫증이 난다.
또 어떤 일은
하루 종일 해도 그다지 피곤하지 않지만
어떤 일은 한 시간을 견디기가 어렵다.
그러한 차이는 우리 마음의 태도에서 온다.
자진해서 유쾌한 기분이 따르는 일은 덜 피곤하고,
수동적으로 끌려가는 일은 속히 피곤하다.
그러기 때문에 우리가 하기 싫은 일이라 할지라도
처음부터 싫은 일이라고 생각하지 말고
즐겁게 그 일을 하겠다는 마음을 가진다면,
그때는 훨씬 덜 피로할 것이다.

_앤드류 카네기

행복한 사람은
시계를 보지 않는다

누군가 그랬다. 행복한 사람은 시계를 보지 않는다고.
그렇다. 행복한 사람은 행복에 빠져 시계를 보는 시간조차 아까워
한다. 시계를 보는 그 짧은 순간조차도 행복을 놓치기가 싫기 때문
이다.

그러므로 행복한 사람에게는 시간이 빨리 지나가게 되고, 불행한
사람에게는 매시간이 지겹고 괴로워 더디게 가는 것이다.
그렇다고 본다면 인생이 짧아서 아쉽다는 생각이 드는 삶을 살아
야한다.

왜냐하면 그것은
자신의 삶이 행복하다는 반증인 까닭이다.
인생은 길다 생각하면 길고, 짧다 생각하면 짧다.
인생이 짧아서 늘 아쉬운 마음으로 사는 사람이 되도록 매순간마
다 충실해야 한다.

_김옥림

마음으로부터
행복하라

"사람들은 행복을 찾아 세상을 헤맨다.
그런데 행복은 누구의 손에든지 잡힐 만한 곳에 있다.
그러나 마음속에 만족을 얻지 못하면 행복을 얻을 수 없다."

고대 그리스 시인 호라티우스의 말이다.

사실 행복은 큰 것에 있지 않다. 그리고 가까이에 있다. 다만 그것을 모르고 지나칠 뿐이다.
그러다 보니 행복을 곁에 두고도 멀리서 찾으려고 아우성친다. 진정으로 행복해지고 싶다면 마음으로부터 행복해질 수 있도록 해야 한다.
그 아무리 풍요로움 속에 사는 사람일지라도 마음이 공허하면 절대로 행복할 수 없다.

_김옥림

오래 지속되는
것은 없다

이 세상에서
오래 지탱하는 것이란 하나도 없다.

커다란 기쁨도 다음 순간에는
이미 생기를 잃고 또 다음 순간에는
더더욱 그것이 희박하게 되며
결국은 자신도 모르는 가운데
흔적마저도 사라진다.

그것은 마치 물 위에 생긴 파문이
마침내 평범한 물 표면으로
휩쓸려 들어가는 것과 마찬가지이다.

_몽테뉴

다른 사람을
높여주는 행복

사람의 행복이란
자기 자신에 대한 신원보다는
다른 사람들의 힘을
찬양 할 수 있는 점에 달려 있다.

높고 큰 것에 대한 경건한 마음은
인간의 가장 귀한 특징이다.

다른 동물들은 강한 자에게
복종할 줄 아는 천성을 가졌다.

그리고 개는 당신을 존경할 수 있으나
파리는 당신은 존경하는 일이 없다.

자기보다 높은 것을 조금이라도 이해할 수 있는
능력에 따라서 개는
파리보다는 고등 동물인 것이다.

_러스킨

라이프
아티스트

내가 아는 어떤 이는 목수 일을 한다. 그는 자신을 예술가라고 말한다. 왜냐하면 자신은 의자도 만들고, 책상도 만들고, 집도 짓고, 식탁도 만들고, 자신이 만들고 싶은 것은 무엇이든지 다 만들 수 있다는 것이다. 그러니 자신은 '우드 아티스트' 라는 것이다.

그리고 그는 시간이 날 때마다 홀로 사는 어르신들이나 소년 소녀 가장 집을 찾아가 고장 난 것들을 고쳐준다.

나는 그가 사는 모습을 보고 "그래, 당신이야 말로 라이프 아티스다!"라고 말해주곤 한다.

그는 자신이 하는 일을 아주 자랑스럽게 여긴다. 그처럼 자신이 하는 일에 긍지를 갖는 사람도 드물 거라고 생각한다. 더구나 남들이 대수롭지 않게 여기는 목수 일을.

그는 오늘도 자신의 일에 만족해하며 즐겁게 일한다.

_김옥림

스스로
찾아내는 행복

어떤 사람은
늘
자신은 불행하다도 말한다.

이것은 자신의 행복을
깨닫지 못하기 때문이다.

행복이란,
누가 주는 것이 아니라
스스로 찾아내는 것이다.

_도스토예프스키

내 힘으로 얻는
행복

한 벌의 의복을
우리가 남에게 줄 수도 있고,
혹은 얻을 수도 있다.

남에게서 얻은 물건에도 어느 정도의
기쁨은 있으나,
어딘지 마음이 떳떳하지 못하다.

내 힘으로 번 돈으로 천을 끊어
내 손으로 해 입은 옷에 비할 바가 아니다.

행복은 주울 수도 없고 얻을 수도 없다.
오직 내 힘으로 만들어 내는 물건이다.
같은 의복이라도
그 속에 내 힘이 들어 있을 때
그 의복은 기쁜 것이다.

_알랭

곤란을
극복하는 행복

사람은 불꽃 위로 올라가듯
고생을 타고났다 하지만,

가장 좋은 것은 안락한 생활 속에서
생기는 것이 아니다.

행복은 오로지
승리의 결과로서 나타나는 것이다.

승리자는 언제나
곤란한 길을 찾고,
그 곤란에 즐겨 견디는 자이다.

_포스터

순간순간에서
얻는 행복

인생은 어느 쪽인고 하면,
행복할 수 있는 편이다.

그럼에도 불구하고 실제에 있어서
행복이 작은 것은 모두가
순간순간의 행복의 씨앗을
찾으려 하지 않기 때문이다.

사람들은 너무나 처음부터
완전한 전체를 요구하고 있다.

부족한 데서 차차 완전한 것에
가까이 다가간다는 것을 생각하지 않고,
단걸음에 먼 곳의 별을 따라고 한다.

모두 제 발등 밑에 흩어진
아름답고 향기로운
많은 꽃들을 잊어버리고 있다.

_벤담

미리
준비하라

아직 잔잔할 적에
평화의 기반을 견고히 해 두라.

아직 나타나기 전에 예방하라.

없애야 할 것은
조그마할 적에 미리 없애도록 하라.

버려야 할 물건은
무거워지기 전에 가벼울 때 버려라.

무슨 일이든
그 일이 터지기 전에
주의 할 것이 필요하다.

터진 뒤에는 이미 때가 늦다.

_노자

지금
행복하기

행복하고 싶다면 행복해 지기 위해 노력해야한다. 그런데 문제는 나중에 행복하기 위해 지금은 행복하지 않아도 된다고 생각하지 말라는 것이다. 나중에 잘 먹자고 지금 배를 곯을 수 없듯 행복도 마찬가지이다.

지금 행복해야한다. 지금 행복해야 나중에도 행복할 수 있는 것이다. 한 가지 마음에 새길 것은 많은 사람들이 행복을 큰 것에서 찾으려고 한다는 것이다.

많은 돈, 높은 자리, 좋은 집, 비싼 자동차 등 큰 것에서 행복을 얻으려고 하지 마라. 큰 것에서 행복을 찾다보면 행복할 수 없다. 행복하다고 해도 행복지수는 그만큼 낮다.
작은 일에서 행복한 마음을 가질 때 더 많은 행복을 누릴 수 있다. 그러므로 작은 일에서 행복을 찾는 행복의 가치관을 가져야한다.

작은 일에 기뻐하고, 감사하고, 자기에게 주어진 일에 최선을 다하라. 우리는 모두 행복해지기 위해 태어난 소중한 인생이다.

_김옥림

많은 것을
바라지 않는 행복

행복이란,
기대할 수 없는 것이다.

행복이란 드물게 있는 것이다.
행복이란 생겨질 것 같지도 않은 것이다.

행복이란 순간적인 것이며
맹목적으로 누리는 것이다.

때문에 인간이 행복의 본질과
그것을 바라는 일이 적으면 적을수록
한층 더 많은 행복이
우리들 사이에 존재한다.

_슈펭글러

행복과
불행

행복과 불행은

사람의 마음 가운데 살고 있다.

그러므로

인생을 짧게 보는 사람에겐

행복은 허무하고

불행은 오래가지만,

원대한 희망을 가진 사람에겐

행복은 오래가고 불행은 짧다.

_게오르규

참다운
행복

참다운 행복,

그것은 우리들이 어떻게

끝을 맺느냐 하는 것이 아니라

어떻게 시작하느냐 하는 문제이다.

또 우리들이

무엇을 소유하느냐가 아니라

무엇을 바라느냐의 문제이다.

_스티븐슨

모든 문제는
자신에게 달려있다

어떤 불유쾌한 일이나
또는 곤란한 일의 원인을
남의 탓으로 돌리지 마라.

혹은,
운명의 장난이라고도 생각하지 마라.

당신 자신의 내부에 어떤 무엇이
정당하지 못했다고 알아야 한다.

우리가 느끼는 대부분의 불쾌한 일,
곤란한 일은 우리 자신의 내부에
그 원인이 있었던 것이다.

_에픽테토스

고통은 정신의 양식

우리는 매일 먹고 또,
잠을 자지만 지치지 않는다.

왜냐하면,
주림과 수면이 새로 오기 때문이다.

만약 평화와 행복만이 계속 된다면
우리의 정신은 단박에
지쳐버리고 말 것이다.

고통은 정신의 양식이다.
사람에게 고통이 없다면
극히 무능력 상태가 오고 말 것이다.

_파스칼

자신 속에 있는
행복을 보라

사람들은 자신의
올바른 이성과 양심을 담기에

애쓰는 것보다 몇 천배의 재물을
얻고자 하는 일에 머리를 쓴다.

그러나
우리의 참된 행복에 있어서는

우리 자신 속에 있는
물건이 소중한 것이지,

옆에 있는
물건이 소중한 것은 아니다.

_쇼펜하우어

자신을
돌아보라

인간은

다른 사람의 마음속을

일일이 알지 못하므로 해서

불행하게 되는 일은

오히려 드물다.

그러나 자기 마음의 운동을

살피지 않는 사람들은

반드시 불행하게 된다.

_마르쿠스 아우렐리우스

크게 생각하고
크게 바라보라

우주가 넓듯이 사람도 그 마음의
세계를 넓게 가질 수 있는 것이다.

좁은 생각 속에 폭 박혀 있기 때문에
시야가 좁고 견고한 머리가 되어버린다.

손가락으로 뚫은,
구멍으로 세상을 보지 말고
창문을 활짝 열어젖히고,
가슴을 펴고 세상을 볼 필요가 있다.

견고한 생각과 좁은 사고방식으로
자기를 결박하지 말고,
좀 더 넓은 마당으로 뛰어 나올 필요가 있다.

_라. 로슈푸코

한 가지 화를 참으면
백 가지 근심을 막아낸다

인생은 근심이 많다고 한다.
그러나 백 가지 근심이 있는 것이 아니라,
그 뿌리는 하나이다.
한 가지 뿌리를 다스리면
백 가지 근심이 동시에 사라진다.

사람들은 한 가지 근심을
한 가지 근심으로 끝내지 않고,
그 근심 때문에 다른 근심을 또 만들어 낸다.

남이 나를 욕했다고 해서
그 사람에게 복수심을 품고,
싸우고 때리고 하는 것이 그것이다.

싸우고 때린 한 결과로 새로운 근심이 생긴다.
그러기 때문에 한 때의 노여움을 참는 것이
장래 일이 일어날 백 가지 근심을 모면하는 길이다.

_경행록

행복한
사람

행복한 사람은
자기와 세상과의 관계에 있어서
분열 만들지 않는다.

행복한 사람은
그 인격이 분열하지 않고
세상과 대립이 없는 사람이다.

자기를 우주의
일원으로 생각하며
우주의 모든 아름다움과 기쁨을
자유로이 즐길 수 있는 사람이다.

_러셀

이성의 빛을
갖춘 행복

행복에는 여러 가지 형태가 있다.
돈에서 오는 행복, 지위나 명예에서 오는 행복, 사업에서 오는 행복, 그러나 순전히 그것만으로서 행복은 오래가지 못한다.

이성의 빛깔로 조화된 것이라야 한다.
순전히 이성의 빛으로 얻은 행복은 무엇보다도 귀중하다. 그러한 행복은 다이아몬드와 같이 변하지 않을 것이다. 그러나 이것은 매우 어려운 일인 것도 사실이다. 귀한 것은 그만큼 얻기 어려운 것도 세상의 이치다.

사람에겐 빈부의 차이가 있고 재주와 능력의 차이는 있지만, 이성의 힘만은 똑 같이 부여되어 있다.
돈 많은 사람이 더 이성이 밝고, 돈 없는 사람이 더 이성이 무딘 것도 아니다. 누구나 기본적인 이성의 힘은 공통으로 갖추고 있는 것이다.
진정 행복에 이르는 길은
모든 사람에게 주어진 거라고 볼 수 있다.

_스피노자

욕망을 절제하는
데서오는 행복

나는
지금까지

자기의 욕망을
충족시키려고
힘쓰는 것보다는

오히려
그것을 제한함으로써

행복을
추구하는 것을
배워왔다.

_J. S. 밀

낙심하지
않는 행복

아무리 자기의 허욕을
이겨내지 못할 경우가 있더라도

낙심을 안 하는 사람은
행복한 사람이다.

왜냐하면 두 개의 마음이
싸울 때마다

허욕에 찬 마음은
낙심하지 않는
마음에 약해지기 쉽기 때문이다.

_탈무드

우연히
찾아오는 행복

이 세상의 행복은
그것이 찾아 올 때는

전혀,
우연히 찾아온다.

그러나 행복을 추구하려면,

우리들은 기러기를
쫓는 것과 같아서

결코,
손 안에
넣을 수 없는 것이다.

_호오든

가까이에 있는
행복

우리들 인간은 멀고

높은 곳만

보는 버릇이 있기 때문에

정작

발길에 뒹굴고 있는 행운은

볼 줄 모르고

흔히

손이 닿지 않는 것만 추구한다.

_핀다로스

사치한 생활에서
행복하기란 쉽지 않다

행복을
사치한 생활 속에서
구하는 것은

마치,
태양의 그림을 그려놓고

빛이 비치기를
기다리는 것이나
다름없다.

_나폴레옹

남에게 베푸는데서
오는 참 행복

이 세상의
참다운 행복은

남에게서 받는 것이 아니라

내가
남에게 주는 것이다.

그것이 물질적인 것이든
정신적인 것이든

인간에게 있어

가장,
아름다운 행동이기 때문이다.

_아나톨 프랑스

스스로 느끼고
찾는 행복

남이
칭찬하고
부러워한다고 해서

내가
행복할 것은 하나도 없다.

행복이란,

나
자신의 마음의 평화를
얻는 데서 온다.

_로렌스 굴드

가난에서 오는
겸허한 행복

가진 것이 없다는 것은
신에 접근하는 것이다.

사람이 가난하면
감격하기 쉽다.

그것은 그 마음이 비고
겸허하기 때문이다.

가진 것이 없고
늘 부족하게 지낸다는 그 자체가

가난한 사람으로 하여금
겸허하게 하고
감격케 하는 것이다.

_페스탈로치

열정을
바치는 행복

무더운 칠월 어느 날
우연히 담벼락을 기어오르는
달팽이를 보았습니다.

손톱 보다 작은 몸으로
수직으로 된 벽면을 타고 오르는
달팽이를 보는 순간 아찔하면서도
경이로움을 느꼈습니다.

무언가에 열중하며 자신을 바친다는 것은
아름다운 행복이라는
생각이 들었습니다.

그래서 좀 더 나를 사랑하고 하는 일에
열중 해야겠다고 생각했습니다.

_김옥림

아름다움에서
느끼는 행복

언젠가 시골에 갔다가
목련을 활짝 피운
나무를 본 적이 있습니다.

그 모습이 가히 일품이었습니다.
더구나 돌담이 쳐진 한옥이었는데
어찌나 운치가 있던지
지금도 그 모습이 고스란히
내 머릿속에 남아 있습니다.

목련의 아름다움에 취해
나 또한 목련이 되었지요.
색시비가 내리 던 그 날, 참 행복했습니다.

_김옥림

행복과 고통은
늘 함께 한다

삶이 내 마음대로 안 따라줄 땐
가슴이 답답하고 먹먹해집니다.

그래서일까 이런 마음이 들곤 합니다.
고통 없는 삶은 없을까,
언제나 푸른 행복만이
가득할 순 없을까 하고 말입니다.

그러나 하나님이 행복과 고통도
같이 주신 것은
삶의 진실을 깨우치기 위해서지요.

고통이 없다면 겸손도 모르고
감사함도 모르지만 고통이 있으므로
감사함을 알게 되니까요.

삶을 환상으로 보지 마십시오.
그 어떤 삶도 현실이 아닌 것은 없습니다.

_김옥림

행복의
출발점

인류의 최대의 불행은 농사가
잘 안 되었다거나 화재를 만났다거나

또는 나쁜 사람으로부터
받은 타격에서 온 다기 보다는

우리 개인 개인이
서로 화목하지 못한데서 발생한다.

자기의 이웃과 전 인류를 적대시 하고 나서
그 누가 행복할 수 있을 것인가.

자기의 주변 사람,
아내와 남편과 부모와 형제와
친척과 그리고 친구와 이웃과
화목한 것이 행복의 출발점이다,

_힐티

호의를
베푸는 행복

그릇이 큰 사람은 남에게 호의와
친절을 베푸는 것을 기쁨으로 여긴다.

그리고 자기가 남에게 의지하고
남의 호의를 받는 것을 부끄럽게 생각한다.

다시 말해 자신이 남에게 베푸는 친절은
그 만큼 자신이
그 사람보다 낫다는 것을 뜻하지만,

남의 친절을 바라고 남의 호의를 받는 것은
그만큼 자신이 그 사람보다
못하다는 의미가 되는 까닭이다.

_아리스토텔레스

그 해 여름은
행복했네

그 해 여름, 밤 이면 밤마다
우리는 마당 한 복판에 돗자리를 깔고 모여 앉아
하얗게 쏟아져 내리는 별빛을 받으며 밤이슬에
옷깃이 젖도록 별을 노래하고 꿈을 이야기하였다.

가난도 낭만이었고 부족함도 행복이었던,
아무렇지도 않은 것까지도 다 소중했던 그 때 그 시절
그들은 어디서 무엇이 되어 오늘을 살아갈까.

세월이 갈수록 그리움은 강이 되고, 옛이야기가 되고……,
그 해 여름 밤 나누어 먹던 찰옥수수의 달콤한 맛은
지금도 생생이 입가에 남아 꽃향기로 피어난다.

그 해 여름 우리 모두는 이상이며 사랑이었다.

_김옥림

안락한
행복

그대 눈에서 눈물이 쏟아지지 않고는
진리의 골짜기를 보지 못할 것이다.

그대 마음이 찢어지도록 아픔을 겪지 않고는
내면생활을 밝히지 못할 것이다.

슬픔과 괴로움 속에 기쁨을 모르고는
아직 인생의 지혜에 도달하지 못할 것이며
참된 인생을 생활하고 있다고 할 수 없다.

오늘은 나쁘다.
내일은 더 나쁠지도 모른다.

거기에 대한 투쟁의 과정이 인생의 길이다.
안락과 행복은 인생에서
모든 적극성을 빼앗아 갈 뿐이다.

_쇼펜하우어

눈 뜨는
아침의 행복

아침에 눈을 뜨면
'아, 오늘도 아침을 맞이할 수 있어 감사합니다.' 하고
기도를 한다.
언제부터인지 모르지만 자연스럽게 이런 기도를 하게 되었다.
그래서 일까, 아침을 맞을 때마다 감사한 마음이 든다.
첫째는 오늘도 밝은 태양을 볼 수 있어 감사하고,
둘째는 일용할 양식을 먹을 수 있어 감사하고,
셋째는 내가 사랑하는 사람들을 볼 수 있어 감사하고,
넷째는 내가 좋아하는 글을 쓰고 책을 읽을 수 있어 감사하다.

무언가를 감사하며 산다는 것은 참 행복한 일이다.
감사하는 삶은 그 자신을 즐겁게 하고 평안한 마음을 심어주기 때
문이다.
행복하기를 원한다면 감사한 마음부터 가져야한다.
감사한 마음은 마음이 가난한 사람들에게 많이 온다.
마음이 가난한 사람들은 지극히 작은 일에도 감사하고
행복해 한다.
작은 일에 감사하는 사람들은 큰일에 감사하는 사람들보다 감사한
일이 그만큼 더 많기에 더 행복할 수 있는 것이다.

_김옥림

마음으로부터
얻는 행복

사람들은

행복을 찾아 헤맨다.

그런데 행복은

누구의 손에든지

잡힐만한 곳에 있다.

그러나 마음속에 만족을 얻지 않으면

행복을 얻을 수 없다.

_호라티우스

도덕적인
행복

모든 인간은
자유로워지기 전에는
누구도
자유로워 질 수는 없다.

모든 사람이 도덕적이
되기 전에는
누구도 완전히 도덕적으로 될 수 없다.

모든 사람이
행복해 질 때까지는
누구도 완전히 행복해질 수는 없다.

_허버트 스펜서

정신적인 부자가
되어야 하는 이유

우리는 정신적으로 부자가 되지 않으면 안 된다.
왜냐하면 우리는 정신적으로 너무도 굶주려 있기 때문이다.

예수께서 '마음이 가난한 자는 복이 있다.'고 말한 것은 스스로 자기 마음의 가난함을 깨달은 자를 지적한 것이었다.
그러나 많은 사람들은 자기의 빈약하고, 부족함을 돌아봄이 적다.
사람은 부족함을 깊이 깨달으면 깨달을수록 좋다.
그것이야말로 행복의 출발이다.

인생에 대한 하염없는 겸손. 그것 없이는 언제나 사람은 헤매게 될 것이다.

_빌리 그레이엄

열 가지의 고뇌 속에 있는
한두 가지 즐거움의 행복

만약 세상 사람들이
괴로워하는 것을 보고 일일이
발을 멈춘다고 하면 사람은
도저히 살아 갈 수가 없을 것이다.

행복이란 열 가지 고뇌 속에
한두 가지의
즐거움을 가리키는 것이다.

그러기 때문에 괴로움과
고뇌를 잊어버리고
씩씩하게 살아가는 것이다.

_로망 롤랑

변화하지
않는 삶

아주 오래전 내가 꼭 살아보고 싶은 집이 있었다.

그 집 넓은 뜰엔 작은 연못이 있었고, 가운데엔 자그마한 정자까지 있어 운치를 더해 주었다. 오랜 세월이 지나고 그 마을에 가는 길에 들려보았다. 주인은 바뀌었지만 집은 그대로 있었다.

그러나 아쉽게도 연못은 관리가 잘 안 되는지 희뿌옇게 죽어 있는 듯 보여 크게 실망했었다. 그렇다. 고여 있는 물은 죽은 물이다.

죽은 물은 더 이상 물이 아니다.

그것은 냄새나는 폐수처럼 쓸모가 없다.

물은 계속해서 흘러야 한다.

그래야 정화작용이 되어 생물들에게 생명수가 된다.

마찬가지로 발전하지 않는 사람에겐 더 이상의 행복은 기대할 수 없다. 항상 그 상태로만 머무를 뿐이다.

생각해보라. 변화하지 않는 삶이란 얼마나 지루한가를.

옷을 바꾸어 입듯 때론 이렇게, 때론 저렇게 변화할 때 더 깊은 행복을 느낄 수 있다. 머무르지 않는 행복을 누리기 위해서는 계속해서 자신을 격려하며 앞으로 나아가야한다.

행복은 행복해지기 위해 나아가는 사람을 좋아한다.

가만히 있는 사람을 좋다고 찾아가는 행복은 그 어디에도 없다.

행복도 노력에서 온다는 것을 잊지 마라.

_김옥림

의미 있는 일에
몸을 사리지 마라

돌을 그 자체 그대로 두면 그것은 단지 돌일 뿐이다.
그러나 그 돌을 탑을 쌓는데 쓰면 더 이상 돌이 아니라 탑이 된다.
조개껍데기를 그대로 두면 조개껍데기일 뿐이지만 그것을 세공하
면 나전칠기의 멋진 장식품이 되기도 한다.

이와 마찬가지로 자신에게 아무리 뛰어난 재능이 있어도 그대로
두면 그것은 그냥 재능일 뿐이다.
그러나 그 재능을 살리면 의미 있는 일이 된다.
나는 좋은 재능을 두고도 묵히는 이들을 많이 보았다.
그들이 재능을 묵히는 이유를 보면 게을러서, 의미 있는 일을 발견
하지 못해서, 자기만 아는 이기심으로 인해서이다.
이 세 가지 이유를 극복할 수 있다면 얼마든지 의미 있는 일을 할
수 있다.

의미 있는 일은 남을 위하는 것과 사회를 위하는 것만은 아니다.
그것은 무엇보다 자신을 위하는 일이다.
자신을 위하는 일에 몸을 사린다는 것은 자신에게 오는 행복을 걸
어차는 것과 같다.

_김옥림

참된
행복

어떤 사람은 자신의 행복과 쾌락을
권력 속에서 찾고,

또 어떤 사람은 학문에서,
또 다른 어떤 사람은 섹스에서 찾는다.

그러나 참으로 행복을 느끼는 사람은
행복이란 특정한 일부 사람들만 소유할 수 있는 것
속에는 없다는 것을 알고 있다.

그들은 인간의 참된 행복이란
모든 사람이
차별이 없고 부러워할 필요도 없이
다 함께
소유할 수 있는 것이며,

누구나 스스로 잃어버리려 하지 않는 한
잃어버릴 수 없는 것임을 알고 있다.

_파스칼

행복은
자신이 만드는 것

"모든 사람은 자기의 행복을 만들어내는 대장장이이다."라는
서양격언에서 보듯 사람은 누구나 행복해질 권리가 있다.
그런데 문제는 행복은 누가 만들어 주는 것이 아니라
자신이 만들어야 한다는 것이다.
결코 남이 내 인생을 대신 살아줄 수 없다.
반드시 내 인생은 내가 만들어야 하고
내 행복도 내가 만들어야 한다.

자신 인생의 결정권자는 오직 자기 자신이다.
자기 인생에서 일어나는 모든 일의 근본은 자신에게 있다.
그러기에 그 결과 또한 자신의 책임이며 자신의 선택에 달렸다.

_김옥림

행복은 만들어진
상품이 아니다

우리는 행복이란
제품을 만들 수 있는 재료와
그 능력을
우리 자신 속에 가지고 있는데,
사람들은 그것을 돌보지 않고
제품으로 된 행복만을 찾고 있다.

그러나 행복이란
상품이 아니기 때문에
제품으로 되어있는 것은
어디를 가더라도
찾을 수 없다는 것을 알아야한다.

_알랭

나를 행복하게
하는 것들

나를 행복하게 하는 것들은 매우 평범하고 소박한 것들이다.
그래서 나는 이럴 때 순진무구한 행복에 빠져든다.
어린이와 엄마가 눈을 맞추고 환하게 웃고 있을 때,
어린이들이 함박웃음을 지을 때,
젊은이들의 패기 넘치는 모습을 볼 때,
버스에서 자리 양보하는 신사를 볼 때,
땀을 흘리며 할머니 짐을 들어주는 청소년을 볼 때,
민원인을 친절한 미소로 대하는 동사무소 직원을 볼 때,
콩나물을 사는 주부에게 덤이라며 한 움큼의 콩나물을 더 담아주
는 상인을 볼 때 내 마음에선 풀피리 같은 맑은 행복이 넘쳐난다.
그리고 길가에 옹기종기 피어있는 야생화를 볼 때,
맑고 신선한 공기가 내 몸으로 스며들 때,
밭에 심어진 작고 풋풋한 푸성귀들을 볼 때,
강아지에게 젖을 물린 어미 개를 볼 때,
아기 사자들이 서로 엉켜 뒹굴고 노는 것을 볼 때,
맑은 밤하늘에 초롱초롱 빛나는 별들을 볼 때도
나는 행복을 느낀다. 남들이 보면 별것도 아닌 것을 갖고 웬 행복?
이라며 반문할 지도 모르겠지만 나는 작고 보잘것없는 것들이 더
애착이 가고 사랑스럽다.

_김옥림

참 행복이란
무엇인가

사람은 소유욕구가 충만한 동물이다.

많은 돈, 빛나는 명예, 나는 새도 떨어뜨리는 높은 권세, 사랑, 행복, 친구 등 무엇이든 소유하려는 마음으로 가득 차 있다. 물론 사람에 따라 정도의 차이가 있을 뿐 소유욕은 누구에게나 있다.

법정 스님이 쓴 스테디셀러 《무소유》는 늘 나를 돌아보게 하는 금언 같은 책이다.

이 책은 참된 행복이 무엇인지에 대해 말하고 있다.

무엇을 갖는다는 것은 즐거운 일이다.

갖는다는 것은 인간의 소유의식을 채워주는 행위이기 때문이다.

그런데 법정 스님은 소유하지 않는 것이야말로 행복이라고 말한다. 이 말은 R. L 스티븐슨이 말한 "우리들이 무엇을 소유하느냐가 아니라 무엇을 바라느냐의 문제다."라는 말과 일맥상통하다고 하겠다.

즉, 무엇을 소유하기 보다는 무엇을 하느냐에 더 관심을 가지라는 것은 어떤 사람이 되느냐보다는 어떻게 사는 것이 잘 사는 것인가, 라는 물음에 충실 하라는 것이고 그렇게 살 때 참된 행복이 찾아온다는 것이다.

참된 행복을 추구하는 그대가 되라.

_김옥림

저녁이
아름다운 집

어둠이 밤안개처럼 내리면 하루 종일 잠잠하던 집집마다 불이 켜집니다.
직장에서 학교에서 돌아온 사랑하는 사람들이 함께 하는 시간은 언제나 싱그러운 풀꽃처럼 풋풋합니다.

사랑하는 사람들은 바라만 봐도 눈물 나게 참 좋습니다.
이처럼 아름다운 사람들이 저녁을 함께 먹을 수 있다는 건 축복입니다.
사랑하는 이들이 함께 먹는 밥은 밥이 아니라 행복을 먹는 것이니까요.

행복을 나누어 먹고, 행복을 나누어 마시는 시간은 행복이 강물처럼 넘치는 지상에서 가장 빛나는 시간입니다.

행복이 꿈결처럼 흐르는 저녁이 아름다운 집, 그 집에서 오래토록 살기를 원한다면 사랑하는 사람을 먼저 사랑하고, 먼저 배려해야 합니다.
사랑은 그런 것입니다. 사랑은 나를 내어줌으로써 사랑하는 이들을 행복하게 하는 것입니다.

_김옥림

내려놓음

깜깜한 한여름 밤
숲속을 밝히는 반딧불처럼
당신의 삶이 어둡지 않도록
불을 밝히십시오.

당신의 삶이 어두운 것은
당신의 마음이 어두운 까닭입니다.

무거운 욕심을 내려놓고
미움도 내려놓고
투기하는 마음도 내려놓고
부정한 생각도 내려놓고
당신의 마음을 밝게 하십시오.

내려놓음은 잃는 것이 아닙니다.
내려놓음으로 해서 가득 채우는 것입니다.
행복은 그런 것입니다.

_김옥림

좋은글 2

아름답고 고귀한
나를 위한
사랑의 말

서로
마주보라

두 마리의 새가 나란히 마주서서 먹이를 쪼아 먹었습니다.
서로 더 먹으려고 발버둥치지 않고 사이좋게 나누어 먹었습니다.
그 모습이 하도 예뻐서 한참을 서서 바라보았습니다.

말 못하는 새가 나란히 마주보며 먹는 모습에서
사랑은 마주보며 서로를 인정하는 아름다운 마음의
품격이라는 것을 다시 한 번 돌이켜 생각해 보았습니다.

한참 먹이를 쪼아 먹던 한 마리의 새가
저 멀리로 날아가자 그 뒤를 따라
다른 한 마리 새가 날개를 퍼덕이며 날아갔습니다.

그 모습에서 사랑은 보이지 않는 하나의 줄로
이어져 있다는 걸 알았습니다.

나는 두 마리 새가 안 보일 때까지 바라보았습니다.
그리고 마음이 행복해짐을 느꼈습니다.
사랑은 그런 것입니다.
어디든지 마주보며 함께 하는 것입니다.

_김옥림

함께 해서
행복한 사랑

사랑을 잃어 본 사람은 압니다.
사랑하는 이와 함께 하는 것이
그 얼마나 행복한지를

사랑을 나누어 본 사람은 압니다.
사람들에게 사랑을 나누어 주는 것이
그 얼마나 기쁜 일인지를

사랑을 받아본 사람은 압니다.
외로울 때 그 사랑이 그 얼마나 위안이 되는 지를

사랑을 아파 본 사람은 압니다.
사랑 없이 사랑을 알지 못하고
사랑을 아파 보지 않고는
그 사랑의 진실을 이해하지 못한다는 것을

사랑을 주어 본 사람은 압니다.
사랑은 욕심을 버리는 것이라는 것을
그리고 미움을 떨쳐버리는 진실이라는 것을

_김옥림

사랑의 힘

사랑은
봄에 피는 꽃과 같다.

온갖 것에
희망을 품게 하고
훈훈한 향내를 풍기게 한다.

때문에 사랑은
향기조차 없는
메마른 폐허나 오막살이집 일지라도

희망을 품게 하고,
훈훈한 향내를 풍기게 한다.

_플로베르

영원한 봄날

영원한 봄날 같은
사랑이었으면 좋겠네

영원한 봄날 같은
그대 사랑 있었으면 정말 좋겠네

그 영원한 봄날 속에
그대만의
꽃이었으면 정말 좋겠네

자나 깨나
늘 향기로운 봄날 속에서
사랑을 노래하고
영원속의 사랑으로 남았으면
정말 좋겠네

_김옥림

사랑의 실천

침묵이나 기도가
낯설게 여겨지고 무언가를
믿는다는 게 쉽지 않으면
작은 사랑을 실천해 보십시오.

그러면 마음이 열리게 될 것입니다.

중요한 것은 어떤 형태로든
사랑을 실천하는 것인데,

그 사랑의 실천으로
자기 자신이나 타인이
풍요로워지는 것입니다.

_마더 테레사

사랑 그리고 고슴도치

"사랑에 빠진 인간은 추운 겨울의 고슴도치와 같다."
독일의 철학자 쇼펜하우어는 말했다.

고슴도치는 추운 겨울이면 온기를 필요로 하여 서로에게 기대기
위해서 하나 둘, 모인다고 한다. 따뜻함을 찾아 모여든 결과, 서로
의 가시에 찔려 상처를 입는 존재가 되고 만다.
하나만 생각하는 맹목성으로 불행한 삶을 되풀이 하는 '고슴도치'
의 모습은 어쩌면, 우리들 사랑의 출발점과 끝의 결과를 비유한 가
장 적절한 표현이 아닌가 싶다.
때때로 우리는 자의건 타의건 서로에게 상처를 주고받는 가해자임
과 동시에 피해자 이기도하다.
돌아보는 나는 과연 어떠한가. 가해자였나? 아니면 피해자였을
까? 나 또한 알게 모르게 가해자인 동시에 피해자이기도 했을 지
나온 시간을 돌이켜 생각해 본다.

그러고 보면 사랑은 진정한 마음씀씀이와 이해와 배려, 성급하지 않
은 사고의 조절, 시기적절한 타이밍, 역지사지할 수 있는 인내와 헌
신이 있을 때에만 완전한 '사랑의 탑'을 이룬다고 하겠다.
앞만 바라보고 주관 없이 맹목적으로 뛰어들다 결국, 파국으로 치닫
는 '레밍딜레마(아무도 의문을 제기하지 않은 채 주기적으로 절벽에서 뛰
어내려 집단 자살을 한다는 일명 레밍〈나그네쥐〉의 이상한 습성을 은유한
경제학자 데이비드 허친스의 우화)'의 어리석은 불행을 반복하지 않으
려면 살아가는 과정 속에서 사랑의 유대관계에는 반드시 서로를 위
한 폭 넓은 이해와 깊이 있는 안목이 필요하겠다.

과유불급過猶不及이라고 했다.

넘치지 않지만 부족하지 않게, 되새기고 짚어보는 매사에 지나치지 않는 말과 행동은 인간관계를 유연하게 이끌 뿐만 아니라 경계 없는 인과관계로서의 윤활유 역할을 다한다.

더는 따뜻함을 찾아 달려들다 등 돌리는 어리석은 고슴도치의 사랑이 아닌, 현명한 사랑을 나누고 베푸는 우리가 되어 알알이 성숙된 배려의 깊이만큼 온유한 사랑을 지향한다면 기쁨과 함께 충만하고 아름다운 사랑을 나누게 될 것이다.

_고유진

절대적인
사랑이란 무엇인가

절대적인 사랑이란
오늘이 마지막인 것처럼 사랑하고,

한 번도 이별하지 않은 것처럼 사랑하고,
다시는 사랑할 수 없을 것처럼 사랑하고,

매일 오늘이 처음인 듯 사랑하고,
내 모든 열정을 다 바쳐 죽을 듯이 사랑하고,

한 번도 후회하지 않은 것처럼 사랑하고,

최고의 사랑으로,
미련을 남기지 않고,
최선의 믿음으로 사랑하는 것이다.

_김옥림

지금 사랑하고
지금 행복하라

사랑하십시오.
당신의 빛나는 눈동자로 뜨거운 가슴으로
부드러운 말과 행동으로 당신이 사랑하는 사람을
사랑하고 사랑하십시오.

행복하십시오.
인생은 두 번 다시 오지 않습니다.
당신의 의지와 열정으로 당신이 이루고자 하는 일에
당신이 사랑하는 이에게 당신을 바치십시오.
반드시 뜻을 이루어 행복한 인생이 되십시오.
사랑은 행복으로 가는 길입니다.
행복은 그 사랑을 이어가는 인생의 빛줄기와 같은 것입니다.

아낌없이 사랑하고 사랑하십시오.
새벽바다를 차고 오르는 태양처럼
싱그럽고 풋풋한 맑은 공기처럼
때론 강하게 때론 상큼하게 때론 유유하게
미련두지 말고 사랑하십시오.
사랑하십시오. 그리고 지금 행복하십시오.

_김옥림

사랑은
쟁취하는 것이다

사랑은

애원하여 얻을 수 있고,

살 수도 있고, 선물로써 받을 수도,

길가에서 주울 수도 없는 것,

그러나

사랑은,

쟁취하는 일만은 가능한 것이다.

_헤르만 헤세

사랑은
죽음보다도 강하다

사랑은 죽음보다도

또한

죽음의 공포보다도 강하다.

사랑,

오직 이것에 의해서만이

일생은 버티어지며

전진을 계속하는 것이다.

_투르게네프

함께
하고 싶다

멋진 길을 만나면
사랑하는 사람과 다리가 아플 때까지
함께 걷고 싶다.

맛있는 음식을 보면
사랑하는 사람과 배가 부르도록
함께 먹고 싶다.

재밌는 영화 프로그램이 눈에 띠면
사랑하는 사람과 어깨를 기댄 채
함께 보고 싶다.

내게 넘치도록 고마운 일이나
기쁜 일이 있으면
사랑하는 사람과 웃고 떠들며
마냥,
함께 즐기고 싶다.

_김옥림

참 좋은 날

사랑하기 참 좋은 날이다.
이토록 맑은 날
누군가를 사랑한다는 것은 축복이다.

눈부신 시간 속에서
한 점 부끄럼 없는 마음으로
사랑하고 사랑을 말하고 싶다.

사랑하고 싶은 가슴이
내게 남아 있다는 것에 감사한다.

사랑하기 참 좋은 가을날이다.

_김옥림

당신의 사랑입니다

나의 존재를 조금만 남겨 주십시오.
그 존재에 의해 당신을 나의 모든 것이라고 부를 수 있도록.

나의 의지를 조금만 남겨 주십시오.
그 의지에 의해
나는 어디에나 있는 당신을 느끼고,
모든 것 속에서 당신을 만나고,
어느 순간에도 당신에게 사랑을 바칠 수 있도록.

나의 존재를 조금만 남겨주십시오.
그 존재에 의해
내가 당신을 숨기는 일이 없도록.

나의 사슬을 조금만 남겨 주십시오.
그 사슬에 의해
나는 당신과 영원히 연결되어 있습니다.

당신의 뜻은
나의 생명 속에서 이루어집니다.
그것이 바로
당신의 사랑입니다.

_타고르

바로
나이게 하소서

그대와 함께 산길을 걷는 사람이
바로 나이게 하옵소서.

그대와 함께 꽃을 꺾는 사람이
바로 나이게 하옵소서.

그대의 속마음을 털어놓는 사람이
바로 나이게 하옵소서.

그대와 비밀스런 얘기를 나누는 사람이
바로 나이게 하옵소서.

슬픔에 젖은 그대와 의지하는 사람이
바로 나이게 하옵소서.

행복에 겨운 그대와 함께 미소 짓는 사람이
바로 나이게 하옵소서.

그대가 사랑하는 사람이 바로 나이게 하옵소서.

_S. P 슈츠

사랑하는
사람을 위한 기도

사랑하는 사람을 우러러 사랑하게 하소서.
사랑하는 이가 나를 사랑할 때나 그 사랑이 나를 외롭게 하거나
마음 아프게 할 때에라도 사랑하는 이를 사랑하게 하소서.
나의 미련함으로 사랑하는 이가 눈물을 보이지 않게 하시고
나의 어리석음과 무능함으로 사랑하는 이가 슬퍼하지 않게 하소서.
사랑하는 사람을 받들어 내 목숨보다 더 사랑하게 하소서.
사랑하는 이를 늘 나보다 먼저 사랑하게 하시고
그의 아픔을 내가 대신 아파하게 하시고
그의 기쁨을 몇 배나 더 기뻐해주는 너그러운 사랑이게 하소서.
그리하여 사랑하는 이가 원하는 일이라면 그것이
무슨 일일지라도 주저하지 않게 하시고
나의 작은 사랑으로도 사랑하는 이가 늘 행복하게 하소서.
사랑하는 사람을 고요히 사랑하게 하소서.
언제나 제자리를 지키며 자기 이름을 다하는 느티나무처럼
내 사랑하는 이의 행복한 삶의 나무가 되게 하소서.
그리고 먼 세월 지나 우리가 진정으로 참된 인생을 알게 될 때
그대가 있어 내 삶이 풍요로웠다고
말할 수 있는 아름다운 사랑이게 하소서.

_김옥림

나는 언제나
그대를 사랑할 겁니다

내 사랑하는 사람이여
나 언제나 그대를 사랑할 것입니다.

붉은 태양빛에
온갖 바위들이 녹아 없어지는 날까지도
내 남은 생의 시간이 끝나는 순간까지
언제나 그대를 사랑할 것입니다.

그대가 떠나가고
내가 그대에게서 멀어져도
그대는 나의 단 하나의 사랑입니다.

그러기에 우리가 헤어진다고 해도
그대를 향해 만 리 길을 돌아서라도 올 것입니다.

_R 번즈

따뜻한 별
하나 갖고 싶다

별을 보면 이 세상 모든 슬픔과 아픔을
어루만져 다독여 줄 것만 같다.

시시때때로 나도 모르게 시린 가슴이 될 땐
야윈 두 뺨 위에 흘러내리는
차가운 눈물을 닦아 줄 따뜻한 별 하나 갖고 싶다.

별을 보면 이 세상 모든 사랑과 평화를
따스하게 품어 안고 있을 것만 같다.

내 사랑이 모자라 사랑하는 이가 눈물을 보일 때나
내 이기심이 사랑하는 이를 분노하게 할 땐
허허로운 내 빈 가슴을 가득 채워 줄
따뜻한 별 하나 갖고 싶다.

별을 보면 새 하얗게 반짝이는 별이 되어
내가 사랑하는 모든 이들에게
죽어서도 사라지지 않을
따뜻한 별 하나 남기고 싶다.

_김옥림

톨스토이의
사랑에 대한 관점

사랑에도 빛깔이 있다면 분홍색, 노란색, 보라색, 초록색 중 어느 색깔이 가장 잘 어울릴까.
그것은 사람에 따라 각기 다를 것이다.
하지만 굳이 꼽으라면 분홍색이 더 많지 아닐까 싶다.
사랑의 특성상 필경은 분홍색일 것이기 때문이다.
분홍색은 아주 강렬하지도 않고, 차지도 않고, 너무 튀지도 않는다. 그리고 부드럽고, 은은하고, 따스하고 섬세함을 느끼게 한다.
이러한 이유로 분홍색은 가장 사랑스러운 색깔이라고 할 수 있다.

톨스토이는 사랑에는 세 가지 종류가 있다고 했다.
첫째는 아름다운 사랑이고
둘째는 헌신적인 사랑이며
셋째는 활동적인 사랑이 그것이다.
아름다운 사랑은 연인들의 분홍빛 사랑이라고 하겠다.
헌신적인 사랑은 아낌없이 주는 어버이 같은 사랑이고,
활동적인 사랑은 타인을 위한 봉사적인 사랑일 것이다.
어떤 사랑이든 가치가 있는 것은 사랑은 나를 내어주는 것이기 때문이다.
가치가 없다면 그것은 허울뿐인 껍데기 같은 사랑이다.

_김옥림

버림받은 자들과
함께하라

타인의 비탄을 동정함에서,

타인의 곤경을

따뜻이 구원함에서,

밤의 어둠과 겨울눈에서,

헐벗고 버림받은 자들과 더불어

사랑을 구하라.

거기 사랑이 있다.

_W. 블레이크

사랑 2

서로가
모자라기에
그리운 것이

서로가
갈망하기에
안타까운 것이

주어도 주어도
받아도
받아도
언제나
목마른 아픔

_김옥림

사랑을 두려하지 않기

사랑을 두려워함은

인생을 두려워함이다.

그리고 인생을

두려워하는 자가 있다면,

그는 십중팔구

죽은 것이나 다름이 없다.

_러셀

그대가 나의 사랑이 되어 준다면

그대가 나의 사랑이 되어 준다면
내 인생을 모두 걸고서라도
그대와 함께 이 길을 가겠습니다.

외롭고 힘겨운 이 길,
그러나 그대가 내 곁에 있기에
언제나 행복한 길,

그대의 사람이 되어
영원히 저 무덤 속까지 함께 가겠습니다.

_A. 도데

너

너를
도저히
사랑하지 않을 수 없었다

너를
사랑할 수밖에
없는 것은,

나의
숙명이라는 것을
알았기 때문이다

우리가 태어나기 전부터
이미 우리는
하나의 사랑이었으므로

_김옥림

사랑하는 자가
갖추어야 할 조건

사랑을 하는 자가 갖춰야 할
첫째 조건은 그 마음이 순결해야 한다.

상대방의 인격을 존중하지 않고는
진실한 연애라고 할 수 없다.
그리고 그 마음과 뜻이 흔들림이 없어야 한다.

신의 앞에서도 부끄러움이 없고,
동요함이 없어야 한다.
동시에 대담성이 있어야 한다.

장애물에 굴하지 않는 용기를 지녀야 한다.
이와 같은 조건이 갖추어졌다면
그것은 참된 애정이고 진실한 연애다.

_앙드레 지드

사랑과 믿음의
상관관계

사랑과 믿음은 상관관계에 놓여있다. 사랑을 하면 사랑하는 사람의 모든 것을 믿게 된다. 그 믿음은 한 치의 의심도 없고 두려움도 없다. 그래서 믿음을 통한 사랑은 오래도록 변함이 없다. 사랑한다는 것은 믿는 것이고 믿는다는 것은 사랑한다는 것이다.

그런데 요즘 사랑은 외모를 따지고 조건을 따진다. 그리고 그것에 매우 익숙하다. 하지만 그 사람의 내면의 세계는 별다른 관심도 없이 등한이 한다. 그 사람이 어떤 삶의 가치관을 가졌는지도 보지 않는다. 또한 믿음을 통한 사랑보다는 쾌락적인 사랑만을 원하는 듯하다.

오래가는 사랑을 하려면 진지한 마음으로 해야 하는데도 많은 사람들이 쉽게 사랑하다 그 사랑이 깨어져 아픔을 겪는다. 그것은 서로에 대한 믿음이 깨졌기 때문이다. 믿음이 깨지는 순간 둘을 하나로 묶어주던 사랑도 여지없이 깨져 버린 것이다. 오래도록 변함없는 사랑으로 행복하기를 원한다면 진지해져야 한다. 그 진지함이 믿음인 것이다.

_김옥림

사랑은 현재에
하는 것이다

미래에 있어서의
사랑이란 없다.

사랑이란,
오직 현재에 있어서의 활동이다.

현재에서 사랑을
보이지 않는 사람은
사랑을 갖고 있지 않다.

_톨스토이

한 번만
더 말해주세요

오늘 사랑하는 이가 당신 곁에서 웃고 있을 때
한 번만 더 사랑한다고 말해주세요.

오늘 사랑하는 이와 함께
푸른 하늘을 바라볼 수 있음에
한 번만 더 고맙다고 말해주세요.

오늘 사랑하는 이에게
마음 아프게 한 일이 있다면
한 번만 더 미안하다고 말해주세요.

지금 이 순간 사랑하는 이가
당신 곁에 있다는 것은
그것만으로도 눈물이 날만큼 감사한 일이지요.

사랑하는 이의 얼굴을
날마다 바라볼 수 있음에
한 번만 더 사랑한다고 고맙다고
미안하고 감사하다고 말해주세요.

_김옥림

화수분

주어도 주어도
주고만 싶어
분수처럼 솟구치는 마음

그대를 향한 멈추지 않는
내 마음

그래도 그래도 부족한
나의 마음

_고유진

사랑은 포용이다

"사랑은 최대의 모순을 융화하고
천지天地를 통합하는 길을 알게 한다."고 괴테는 말했다.

사랑을 하다보면 상대방의 허점도 나타나고,
삶의 모순도 발견된다.
어디 그 뿐인가.
몰라도 될 비밀도 드러난다.
그런데 이 모든 불합리하고 모순된 것까지도 끌어안는 게
사랑이다.

만약 그런 사랑을 하지 않는다면
그것은 진실을 위장한 거짓 사랑이라고 해도 좋을 것이다.

_김옥림

사랑의
가치 평가

사랑의 가치는

그 사람이 한 평생을 두고 얻은

평판에 따라

평가되는 것이 아니라,

죽은 뒤에 남긴 흔적이

얼마만한 가치를 지니고

있느냐에 따라 평가한다.

_브란슈뷔크

그대는 한 송이
꽃과 같이

그대는 한 송이 꽃과 같이
그리도 예쁘고
귀엽고 깨끗합니다.

그대를 보고 있으면
서러움은
나의 가슴 속까지 스며든답니다.

하나님이 그대를
언제나 이대로
맑고 귀엽도록
지켜주시길
그대의 머리 위에 두 손을 얹고
나는 빌고만
싶어진답니다.

_H. 하이네

사랑은
이 세상의 모든 것

사랑하는 대상이 많을수록 그 사람은 그만큼 행복한 사람이다. 왜냐하면 남에게 사랑을 주는 만큼, 그 사람 역시 누군가로부터 기억되어지고 사랑을 받기 때문이다. 그래서 사랑을 준다는 것은 가장 아름다운 행위이고, 주면 줄수록 기쁨과 행복이 파도처럼 넘쳐나는 것이다.

그런데 사랑을 준다는 것은 결코 쉽지 않은 일이다. 사랑하는 사람을 위해 때론 자신의 유익을 양보해야 하고, 배려하고 믿고 기다려 줄 수도 있어야 한다. 그렇지 않는다면 진실한 사랑을 준다고 할 수 없다.

사랑은 진실할 때 오래가고 행복은 배가 되는 것이다. 그러나 사랑을 가볍게 생각하는 사람에겐 사랑의 참 기쁨이 찾아오지 않는다. 그런 사람에겐 가식적이고 허위적인 사랑만이 기웃거린다.

R. 스티븐슨은 "사랑을 베푼다는 것은 이 세상을 꽃밭으로 만드는 위대한 열쇠다."라고 했듯이 사랑하는 사람만이 그 사랑의 참 기쁨을 알게 되고, 또한 사랑하는 사람에게 사랑을 받게 됨으로써 세상을 행복하게 살아간다.

사랑은 이 세상의 모든 것이다.

_김옥림

사랑에
인색하지 않기

남을 사랑하기에 인색하다면,
남도 나를 헌신짝만큼이나 알 것이다.

남을 소중히 해줄 적에
남도 나를 소중히 받들어 줄 것이다.

사람의 본성은 좋은 일을 바라고 있다.

만약 이 천성을 좇지 않으면
마음이 쓰라리고,
그 천성을 좇았을 적에는
마음이 유쾌할 것이다.

그러기 때문에 착한 방향으로 나아감은
순풍에 돛단배가 가는 것과 같다.

_동양명언

당신은
나의 것

사랑 속에서
당신은 나의 것입니다.

사랑 속에서
나는 당신의 것입니다.

생각 속에서
나는 나
당신은 당신입니다.

그러나
우리 사랑으로 함께할 때
당신은 나의 것이며
나는 당신의 것입니다.

_S. P 슈츠

사랑이 나에게
가르쳐 준 것들

사랑은 겸손을 말하네 나를 앞세우지 말고
사랑하는 이의 뒤편에 서서 사랑하는 이를 높여주는 것이라네
사랑은 믿음을 일러 말하네 믿음은 사랑으로 오고
그 믿음으로 사랑은 키가 자라네
사랑은 용서를 말하네 분노하는 마음이 이성을 잃게 해도
마음을 가다듬어 차분히 용서를 하라하네
사랑은 침묵을 일러 말하네 말이 앞서 사랑하는 이 마음에
상처를 남기지 말고 침묵으로 평안을 주라하네
사랑은 칭찬을 말하네 작은 일에도 칭찬을 아끼지 말고
사랑하는 마음을 담아 미소지며 칭찬을 하라하네
사랑은 나를 드러내지 않으며
한 발 물러서서 바라보게 하고 서두르지 아니하며
탐내지 않으며 차분히 기다리는 마음이라네
사랑은 최악의 상황에서도 슬픔은 안으로 삭이고
고통은 나누며 격려와 용기를 주는 것이라네
사랑은 모든 것을 포용하며 모든 것을 참으며 모든 것을 배려하는
생의 원천이라네

_김옥림

사람은 무엇에
의지하고 싶어한다

사람은 본질적으로
무엇에 의지하고 싶어한다.
혼자서는 너무 고독하기 때문이다.

어린아이들이 부모의 품안을
절대의 의지로 믿듯이
어른들도 그러한 품속에
그 마음을 의탁하고 싶어한다.
신은 어른들의 어버이이다.

종교적인 신앙이 깊은 사람이
죽고 사는 불안한 순간에도
태연자약할 수 있다는 것은 어린아이가
무서운 폭격이 와도 어머니 옆에 있으면
안정감을 느끼는 심리와 같다.

_로렌스 굴드

사랑이
그리운 날엔

사랑이 그리운 날엔 호수처럼 고요한 하늘을 본다.

금방이라도 눈물을 쏟을 것 같은
그대 맑은 눈을 닮은 하늘
그 하늘엔 그대의 순수가 빛나고 있다.

내 가는 길이 때로 눈물겨울 때
돌아서서 고개 숙이고 발끝을 내려다보며
무언의 생각에 잠겨 있을 때
지난날의 실수를 괴로워하며
스스로를 나무랄 때 작은 것의 소중함을 잊고
오만에 찬 자신의 모습을 바라볼 때
잠시라도 경멸의 눈빛으로 삶을 방관할 때
이런 날엔 못 견디게 누군가의 사랑이 그립다.

사랑이 그리운 날엔 두 손 모아 눈을 감는다.

내 마음 문을 열고 별빛을 쓸어 담아 잠시라도 감사했던 이들에게
내 작은 사랑 노래를 보내나니 누군가의 사랑이 그리운 날엔
행복했던 순간을 엮어 서로가 서로에게 풀꽃편지를 쓰자.

_김옥림

사랑에 대한
남자와 여자의 차이점

남자는
사랑으로 시작해서
여자를
사랑하는 것으로 끝나지만,

여자는
남자를
사랑하는 것으로 시작해서
사랑을 하는 것으로 끝난다.

_구르몽

그대를
처음 보았을 때

나는 아주 특별한 방식으로
그대에게 이끌렸습니다.

그대를 처음 보았을 때 나는
그대가 이런저런 얘기를 하던 것이,
나에 관한 이야기이고
그리고 나 자신에 대해 얘기하도록 만들었던
그 방식이 마음에 들었답니다.

그대는 내게 여러 가지를 물었고
가끔씩 그 질문들은 나를 당황스럽게 하였지만
나는 그 당황스러움마저도 좋았습니다.

그 까닭은 그대의 훌륭한 정신과
모든 것을 말해 주는
그 자상한 이해심 때문이었습니다.

나는 많은 사람들을 알고 있었습니다만
그대를 가장 좋아하였답니다.

_칼릴 지브란

진정한 사랑은
자신을 넘어서는 것이다

"사랑한다는 것은 자기를 넘어서는 것이다."

오스카 와일드의 말이다.
이 말에서 보듯 진정한 사랑은 자기를 넘어설 때 보일 수 있는 소중한 행위이다.

그런데 너무도 쉽게 사랑을 얻으려하고,
너무 쉽게 사랑을 놓아 버린다.

이래가지고서는 진정한 행복을 알지 못한다.
참된 사랑을 원한다면
그 어떤 상황에서도 자기를 넘어서라.

자기를 넘어서는 자만이
행복한 사랑을 취할 수 있다.

_김옥림

사랑의
방해꾼 질투

질투는
사랑이 있는 곳이면
어디나 따라붙는다.

질투는
못된 사랑의 방해꾼이다.

질투할 힘이 있으면
그 힘으로
더 예쁜 사랑을 하라.

쓸데없는 질투로
아까운 시간을 낭비한다면
그것처럼
어리석은 일은 없을 것이다.

_김옥림

사랑은 자신이
주는 대로 받는다

넉넉한 사랑을
받고 싶다면
자신이
먼저
넉넉한 사랑을 주어라.

자신이 하는 것만큼
받는 게
사랑이다.

나는 조금 주면서
많이 받으려고 한다면
그것은 도둑놈 심보와 같다.

뿌린 대로
거두는 것이
사랑의 원칙이다.

_김옥림

당신의
전화

기다립니다.
당신의 목소리
당신의 미소를
매일 아침 기다립니다.

당신의 손길
당신의 눈길
그리고
전화벨이 울리기를 기다립니다.

이유든, 변명이든,
당신의 한마디 말을
무엇이든 기다립니다.

농담이라도 좋고 노래라도 좋습니다.
그리고 마침내
전화벨이 울리고
당신의 목소리에 내 마음은 날아오릅니다.

_D. 스틸

원숙한 사랑

위대한
영혼을 가진 사람은
원숙한 사랑을 한다.

사랑에 대해
이해하고,
배려하고,
참아주고,
기다려주고,
높여주고,
아량을 베푼다.

이런 사랑은
아니더라도
비슷한 사랑은 해야겠다.
그것이 진정한 사랑이다.

_김옥림

사랑도 때론
조절이 필요하다

자신의 정열을 조율할 줄 아는 사람은 아름다운 사랑을 하고 있다고 해도 좋겠다. 사랑하는 이가 사랑의 부족함을 느끼면 사랑을 더 주면 되고, 사랑하는 이가 사랑에 넘쳐 사랑을 소홀이라도 하면 사랑을 줄이면 된다.

사랑도 때론 완급 조절이 필요하다. 무조건적인 사랑이 좋다하여 무조건 사랑을 주다보면 그 사랑의 가치를 잊고 만다.

어떤 젊은이가 자신의 이기적인 사랑으로 사랑을 잃고 괴로워하며 내게 전화를 한 적이 있다. 나는 그 사랑을 죽어도 잊지 못한다면 무릎을 꿇고 용서를 구하라고 말했다. 사랑 앞에 용서를 구하는 것은 비굴한 것이 아니라 그 또한 사랑이라고.

그 후 젊은이에게 또 전화가 왔다. 선생님이 가르쳐준 대로 노력했더니 그 사랑이 다시 자신에게 돌아왔다고 말이다. 나는 다시 맺어진 그들의 사랑을 진정으로 축복해 주었다.

사람들이 흔히 하는 실수가 사랑을 떠나보내고 그 사랑을 그리워하며 후회한다는 것이다. 자신의 곁에 있을 땐 잘 몰랐는데 사랑하는 이가 보이지 않을 때 비로소 그 사람이 얼마나 큰 사랑이었는지를 깨닫게 된다. 진실한 사랑을 하려면 자기의 정열을 지배할 줄 아는 사람이 되어야한다. 그래야 사랑의 실패를 줄일 수 있다.

_김옥림

그대는
나의 전부입니다

당신은 해질 무렵 붉은 석양에 걸려있는 그리움입니다.
빛과 모양을 그대로 내가 가장 좋아하는 구름입니다.

그대는 나의 전부입니다.
부드러운 입술을 가진 그대여, 그대의 생명 속에는
나의 꿈이 살아 있습니다.
그대를 향한 변치 않는 꿈이 살아 숨쉬고 있습니다.

사랑에 물든 내 영혼의 빛은 그대의 발밑을 붉은 장밋빛으로 물들
입니다.

오, 내 황혼의 노래를 거두는 사람이여, 내 외로운 꿈속 깊이 사무
쳐 있는 그리운 사람이여, 그대는 나의 모든 것입니다

석양이 지는 저녁 고요히 불어오는 바람 속에서
나는 소리 높여 노래하며 길을 걸어갑니다.

사랑하는 그대여, 내 영혼이 그대의 슬픈 눈가에서 다시 태어나고
그대의 슬픈 눈빛에서부터 다시 시작됩니다.

_파블로 네루다.

사랑할 줄 아는 사람

사랑할 줄

아는 사람은

자기의 정열을

지배할 줄 아는 사람이다.

반대로

사랑을 할 줄

모르는 사람은

자기의 정열에

지배를 받는 사람이다.

_호라티우스

사랑

키스로 나를 축복해 주는 너의 입술을
즐거운 나의 입이 다시 만나고 싶어 한다.
고운 너의 손가락을 어루만지며
나의 손가락에 깍지 끼고 싶다.

내 눈의 목마름을 네 눈에서 적시고
깊숙이 내 머리를 네 머리에 묻고
언제나 눈 떠 있는 젊은 육체로
네 몸의 움직임에 충실히 따라
늘 새로운 사랑의 불꽃으로 천 번이나
너의 아름다움을 새기고 싶다.

우리들의 마음이 온전히 가라앉고 감사하게
모든 괴로움을 넘어서서 복되게 살 때까지
낮과 밤에 오늘과 내일에 담담히
다정한 누이로서 인사할 때까지
모든 행위를 넘어서서 빛에 싸인 사람으로
평화 속을 조용히 거닐 때까지.

_헤르만 헤세

내 사랑이 참 사랑

내 사랑이 참사랑을 맹세하면
거짓이라는 것을 알면서도 믿나니
세상에 거짓에 익숙하지 않은
풋내기 청년으로 생각하길 바라기 때문이다.

내 나이 한창때를 지난 줄을 그녀도 알지만
나를 젊게 보도록 헛되이 바란다.

바보처럼 그녀의 허황된 말에 넘어가
둘 다 뻔한 진실을 감추고 있다.

정절하지 않다고 왜 그녀는 고백하지 않았을까?
늙었다고 나는 왜 말하지 않았던가?

아, 사랑의 버릇은 짐짓 믿는 체 하는 것이려니
사랑의 연륜은 나이를 따지지 않는 것
그래서 나는 그녀와 눕고 그녀는 나와 누워
흠투성이인 채 거짓말에 우리는 만족한다.

_W. 셱스피어

사랑하는 사람

오랜 의자같이 낡아서 오히려 편안한 사람

내 몸 구석구석을 모두 알아버린
헐렁해지고 축 늘어진 옷처럼
부담스럽지 않은 사람

무슨 말을 해도 다 받아주며
하하하 호호호 웃어넘기는 사람

한여름 무더운 날
동구 밖 푸른 느티나무처럼
속이 넉넉한 사람

등 기대고 편히 쉴 수 있는 벽처럼
한량없이 든든한 사람

그저 바라만 보고 있어도
마음이 풍요로워지는 사람

함께 있는 것만으로도 그냥 즐겁고
곁에 없으면 두고두고 생각나는 그 사람

_김옥림

사랑

사랑은 오래 참고 사랑은 온유하며
투기하는 자가 되지 아니하며

사랑은 자랑하지 아니하며
교만하지 아니하며
무례히 행치 아니하고
자기의 유익을 구하지 아니하며
성내지 아니하며

악한 것을 생각지 아니하며
불의를 기뻐하지 아니하며
진리와 함께 기뻐하고

모든 것을 참으며 모든 것을 믿으며
모든 것을 바라며 모든 것을 견디느니라.

사랑은 언제까지든지 떨어지지 아니하나
예언도 폐하고 방언도 그치고 지식도 폐하리라.

그런즉 믿음, 소망, 사랑 이 세 가지는 항상 있을 것인데
그 중에 제일은 사랑이라.

_바울

사랑은 불멸의 꽃

존재하는 모든 것이 흔적 없이 사라진다 해도
단 하나 변하지 않는 것이 있다.
그것을 우리는 사랑이라고 말한다.

사랑은 모든 것의 창조며 근원이며 이상이다.
그래서 사랑은 참혹한 고통 중에서도 견뎌내며 아픔 속에서도 쓰
러지지 않고 우뚝하게 서서 모두를 굽어보며 모두에게 따뜻함을
건네며 의연하게 생명을 잉태하고 자라나게 한다.
그러나 언제나 약속을 깨고 돌아서는 것은 사람이며 무책임하게
변명을 일삼는 것도 사람이다.

사랑은 모든 것에 대한 믿음이며 확신이다.
사랑을 물로 보지마라. 사랑을 일회용 놀이로 폄하하지 마라.

사랑은 그 무엇으로 깨트릴 수 없고 굴복시킬 수 없는 불멸의 꽃이
며 영원성의 모태이다.
그리하여 사랑은 우주가 도래한 이래 한 번도 꺾인 적이 없고 한
번도 호흡을 멈춘 적도 없다.
사랑은 죽지 않는 불멸의 꽃이다.

_김옥림

그대는 참 좋은
사람입니다

그대는 너무나 친절하고
너무나 부드러우며
내게 많은 관심을 기울여 주시는군요.

그대는 너무나 자신만만하여
자신은 감수성이 매우 예민하며
또 상처받기 쉬우면서도
아주 뛰어난 아름다움을
지니고 있음을 보여주는 것을
조금도 두려워하지 않습니다.

그대 자신의 느낌과 감정에 몰입하여
그렇게 한다는 것이
내게는 아주 소중한 일이며
성공적인 우리 둘의 관계를 위해서도 아주
중요한 일이랍니다.

그대가 이렇게 좋은 사람이라는 사실에
감사드리고 싶습니다.

_수잔 폴리스 슈츠

사랑의 고통을
두려워하지 않기

사랑을 하다보면 사랑의 환희에 취해 온 세상을 다 가진 것처럼 행복을 고백한다.

이와 반대로 사랑을 하다보면 크나큰 아픔으로 고통을 호소할 때가 있다. 환희와 고통은 사랑을 하다보면 자연스럽게 겪게 되는 사랑의 산물이다.

그런데 문제는 사랑의 환희는 기쁘게 받아들이면서 사랑의 고통엔 고개를 절레절레 흔들며 피하려고 한다는데 있다.

이런 사랑은 진실한 사랑이 아니다.

진실한 사랑을 가장한 거짓 사랑이다.

진실한 사랑이란 환희를 느낄 때나 고통스러울 때 변함이 없어야 한다.

진실로 참된 사랑을 원한다면 고통을 두려워하지 않는 사랑을 하라.

이런 사랑은 그 어떤 상황에서도 변치 않고, 사랑하는 이를 끝까지 지켜주려고 한다. 이런 사랑이야말로 누구나 바라는 절대적인 사랑이라고 할 수 있다.

_김옥림

사랑의 마음

"사랑을 베푼다는 것은 이 세상을 꽃밭으로 만드는 위대한 열쇠
다."

이는 영국의 소설가인 R. 스티븐슨이 한 말이다. 이 말은 사랑이
인간의 삶에 미치는 영향에 대해 함축적으로 잘 보여준다. 사랑을
베푸는 것은 곧 세상을 아름답게 하는 것이며, 사랑은 세상을 아름
답게 변화시키는 중요한 요소다.

사랑하는 마음은 인간의 본성가운데 가장 신성하며 아름다운 마음
이다. 사랑하는 마음속엔 마음을 평화롭게 하고, 배려하는 마음을
갖게 하는 선(善)이 존재한다. 선은 모든 것에 대해 그대로 인정하
고, 그 존재 가치를 높여 준다. 그래서 사랑이 많은 사람은 남의 아
픔을 내 일처럼 생각하고 도와주는 것을 즐거워한다.

그러나 사랑이 없으면 남을 미워하게 되고, 어려운 사람을 봐도 못
본 척 하게 된다. 사랑이 없는 마음은 사랑을 베푸는 즐거움을 모
르기 때문이다. 사랑이 없는 마음엔 미움이 도사리고 있다. 그 마
음을 그대로 두면 교만으로 가득 차게 되고, 남의 어려움을 보고도
아무렇지도 않게 생각하게 된다. 마치 살아있는 로봇과 다름없다.
사랑하는 마음을 품고 사는 당신이 되라. 사랑하는 마음은 참 아름
답고 빛나는 마음이다.

_김옥림

그의 노래는

흐르는 강가에 반짝이는 햇살처럼
그의 노래는 아련하여 맑다

살며시 낮게 흐르는 음의 폭은 주위를 돌아 돌아
나날을 깨우고 어둠의 운치를 더한다

아침엔 귀여운 새 소리되어 온다
또, 고운 결 바람처럼 다가오는 한낮의 그리움으로 온다
그리하여 저녁으로 가는 길목에
활짝 핀 보랏빛 다알리아의 고혹적인 입술이 되어 피어오른다

아, 감성의 연금술사!

맑고도 언뜻 언뜻 탄력이 느껴지는
고운 노래의 향연은 영롱한 이슬되어 마른 숲의 목을 축인다

멀리서도 가까운 그의 노래는
영원을 달리는 영속성, 그 궤도의 진리를 깨우고
순정한 날개 짓으로 이끌어 비상하는
나의 노래가 된다

_고유진

빛나는 내일을 위한
희망과 꿈의 말

마음의 꽃,
희망

희망은
사람의 마음에
꽃을 피게 한다.

그러나
일단 목적을 달성한다든지
성공하는 날엔
이미
마음속에 지닌
꽃향기는 없어지기 쉽다.

그러기 때문에
인생이란,
그것을
살아가기보다는
오히려
꿈꾸는 것인지도 모른다.

_프루스트

희망이
솟아나는 곳

희망은

영원히 인간의

가슴속에서 솟아난다.

인간은

언제나 당장 행복할 수는 없다.

인간의 행복이란,

항상 앞으로

전진하고 탐구하는 데 있다.

_헨리포드

그래도 봄은 온다

지난 겨울이 아무리 춥고 참혹해도
슬픔이 눈물 꽃으로 피어나도
달꽃 같은 봄은 열일곱 갈래머리
맑은 눈망울로 온다.

돌돌돌 개울물 소리는
잠자는 대지를 흔들어 깨우고
실눈을 뜨고 봄 하늘을 바라보는
가녀린 풀꽃 눈 속엔 강한 의지가 번뜩인다.

지난 겨울이 그 아무리 혹독하고 쓸쓸해도
그래도 봄은 온다.

봄은 생명의 부활로
창조의 근원으로
어둡고 칙칙했던 지난날을
따스하게 끌어안으며
가장 행복한 모습으로 우리 곁으로 온다.

_김옥림

희망의 태양

그 어떤 불행이 닥친다 해도
우리는
희망의 태양을 버려서는 안 된다.

항상 낙관적이고 운명을 즐겨라.
그것이
우리를 행복으로
인도해주는 믿음이다.

오늘을
훌륭히 살아가는 것이
내일의 희망을 발견하는 일이며
내일의 희망이 있어야
우리는 밝게 살아갈 수 있다.

현재를
한탄하고 슬퍼한다는 것은
결국에 있어서는
불행을 초래하게 된다.

_헬렌 켈러

희망의 불씨

성공적인 삶을 사는 사람들은
앞날이 까마득하고
죽음보다 깊은 절망 속을 허우적대면서도
절대로 희망의 끈을 놓지 않는다.

아니, 오히려 더욱 세게 부여잡고
결국 아름다운 삶의 승리자가 되어
사람들에게 용기를 주고 귀감이 된다.

시련은 형벌이 아니라
자신 앞에 놓인 또 다른 길을 찾아가게 하는
새로운 지표이며,
보다 나은
삶을 예고하는 희망의 불씨이다.

_김옥림

절실한 소원

나는
하나의 절실한 소원을
가지고 있다.

그것은
내가
이 세상에 태어난 까닭에
조금이라도
세상이
좋게 되어간다는 것을
볼 때까지
살고 싶다는 것이다.

_아브라함 링컨

희망은
영원한 기쁨

희망은
영원한 기쁨이다.

희망은
인간이
소유하고 있는 토지와 같은 것이다.

그러므로

희망은
해마다 이익을 남기며
결코 다 써 버릴 수 없는
확실한 재산과 같다.

_R. L 스티븐슨

희망이
좋아하는 사람

희망은
새로운 생각,
새로운 목표,
새로운 꿈으로
무장되어 있는 자에게는
언제나 러브 콜을 보낸다.

동서고금을 막론하고
새로운 인생을
개척하여
성공한 이들은
모두 같은 마인드를
가졌다는 것을 알 수 있다.

다시 말해
희망이
이끄는 대로 잘 따르고
잘 받아들였던 것이다.

_김옥림

못난 사람들의
어리석은 행동

실망은

못난 사람들이

내리는 판단이다.

현명한 사람은

실망이란

두 글자가

자기 머리에

떠오르는 것조차

두려워한다.

_프리드리히 니체

인생의
희망

인생은
평화와 행복만으로
처음과 끝이 같을 수 없다.

괴로움이 필요하다.

그리고
노력이 필요하고 투쟁이 필요하다.

괴로움을
두려워하지 말고
슬퍼하지도 말라.

참고 견디며
이겨나가는 것이 인생이다.

인생의 희망은
늘
괴로운 언덕길 너머에서 기다리고 있다.

_베르레느

희망을 잃지 않는
이유에 대하여

아직도
내 가슴엔
별처럼 총총히
꿈이 서려 있다.

그것은
새가 되어
날마다 나를 찾아온다.

길은 멀어도
내 발길이
무겁지 않은 건

별이 되어 빛나는
꿈이
산처럼 쌓여 있기 때문이다.

_김옥림

행동과
희망

너의

행동은

낮게 하고,

희망은

높이 가져라.

_조지 허버트

희망을 주는 사람

희망은 꽃보다 아름답고 아침이슬보다 맑다.
너무 맑고 고와서 하루 종일 가슴에 품고 있어도 늘 새롭고 처음인 듯 상쾌한 마음이다.
그것은 희망이란 말속엔 사람을 기쁘게 하고 용기를 주고 꿈을 주는 에너지가 들어있기 때문이다.
그래서 '희망' 이란 말은 이 세상 그 어떤 말보다도 사람들에게 친숙하게 다가온다.

사람이 어떤 생각을 가슴에 품고 있느냐에 따라 희망을 주는 사람이 될 수도 있고, 절망을 주는 사람이 될 수도 있다.
희망을 주는 사람의 얼굴엔 늘 햇살 같은 미소가 담겨 있다.
눈은 선하고 입술은 부드러우며, 하는 이야기마다 상대방을 편안하게 하고 배려하는 마음이 배어 있다.
이런 사람들 마음엔 기쁨의 꽃밭이 있어 진한 삶의 향기를 풍기는 행복의 꽃들을 피워 내는 것이다.

_김옥림

희망의
기술

인내란,

희망을 갖는

기술이다.

_보브나르그

희망의 힘

희망이란,

도대체

만들 수 없는 형상이다.

그러나

희망이란,

단, 한 가지

평탄한 길을 거쳐

인생의 종착역까지

갈 수 있게 해 주는 것이다.

_라 로슈푸코

희망이란
말 속엔

희망이란

말만 들어도

가슴이 들뜨는 것은

희망이란 말 속엔

사람을

기쁘게 하고

용기를 주고

꿈을 주는 힘이 넘치기 때문이다.

_김옥림

지금이란 순간의 꽃

기쁘고 충만한 삶을 앉아서 기다리지 마라.
지금이란 순간을 어떻게 하느냐에 따라
주어지는 진실한 생애의 결실이오니

당신의 삶이 당신을 축복되게 하기를 원하거든
매순간을 하루같이, 하루를 일 년같이,
일 년을 십 년같이, 십 년을 백 년같이,
아끼고 보듬어야 하리니

그저 오는 삶의 즐거움은 요행이오니 그것을 조심하라.
거저 오는 요행을 기다리는 것은 당신의 마음을 병들게 하고
당신의 고귀한 능력을 빼앗아 버리는 무서운 삶의 독버섯 같은 것,

땀을 흘리고 몸을 움직이고 눈동자는 번뜩이고
머리는 반짝이는 창의력으로 맑아 올 때
당신의 삶도 미소지으며 오리니

지금이란 순간을 사랑하라.
그리고 그 순간의 강물위에 당신의 능력을 쏟아 놓으라.
당신의 빛나는 생을 위하여, 당신이 살아있음의 소중함에 대하여
매순간 감사하고 또 감사하라.

_김옥림

소망을 높게
갖지 마라

소망을

너무 높게 갖지 마라.

올라가지 못할

소망을 너무 높게 가지면

눈앞의 할 일마저

놓치고 만다.

_랠프 왈도 에머슨

힘은
희망에서 온다

힘은

희망을 가지는

사람에게 있고,

용기는

속에 있는

의지에서

우러나는 것이다.

_펄 벅

희망의
결실

크든 작든
원래 지닌 터전에

내 힘으로
가꿀 수 있는 한도 안에서만

희망의 결실이
얻어지는 법이다.

그러나
흔히 이 한도 밖에서
찾으려는 데서
환멸의 결과가 누적되기 쉽다.

_채근담

성공으로 인도하는 신앙

희망은

사람을 성공으로

인도하는 신앙이다.

희망 없이는

어떤 일도 이룰 수 없으며

희망이 없이는

인간생활이 영위될 수 없다.

_헬렌 켈러

희망과
용기

희망이 달아날지언정

용기마저 놓쳐서는 안 된다.

희망은 종종

우리들을 속이지만

용기는

우리를 속이지도 않을 뿐 더러

힘을 북돋아주는

약이 되기 때문이다.

_채근담

무슨 일이든
희망을 걸어라

무슨 일에든지
희망을 거는 것은
실망을 하는 것보다 낫다.

왜냐하면,
어떠한 일이든지
꼭,
가능하다고
누구든지
믿을 수 있기 때문이다.

_괴테

오월의 태양

자연은 하나의 거대한 공연장이다.

수십 명의 오케스트라 단원들이 지휘자의 손끝에 일사분란하게 움
직이며 내는 장중한 소리는 가히 음악의 참맛을 느끼게 하듯, 자연
은 꾸미지 않아도 저절로 무대를 이루고, 악기가 되며 연주가 되어
그 어느 음악가도 들려 줄 수 없는 심오한 음악을 연주한다.
자연의 음악은 듣고 보는 것만으로도 참 행복을 느낀다.
어느 땐 감동에 격해 눈물을 흘릴 때도 있다.

이처럼 대자연의 맑은 숨결은 우리나라 그 어딜 가든 만날 수 있다
는 것은 대단히 만족스러운 하늘의 은총이다.
그래서 자연과 나누는 대화는 넉넉한 품격이 있다.
그 대화는 자유와 평화며 사랑이고 온유함이다.
또한 자연은 생명의 어머니인 동시에 만물 존재의 근원이다.

오월의 태양은 유난히 밝고 맑게 빛난다.
손톱만한 칙칙함이라곤 눈 씻고 찾아 볼 수 없다.
자연의 벌판에서 바라보는 오월의 붉은 태양 가득히 에는 희망과
열정의 전율이 파도처럼 일렁거린다.
오월의 태양은 그것들로 인해 더욱 붉은 빛이 선명하다.
그래서 나는 오월을 사랑하고 오월의 붉은 태양을 사랑한다.

_김옥림

희망의
매력

소망대로의 행복을

얻지 못한

지난날을 버리고

진실로

자기를 위한

길을 찾고자 하는

희망이야말로

재생할 수 있는

사람만이 가지는 매력이다.

_A. 모로아

절망을
경계하라

절망은 우리들의
전진을 가로 막는다.

절망은 우리들의
희망을 좀 먹는다.

절망은 우리들의 강한
의지를 꺾어 눕힌다.

절망은 우리들의 연약한 힘을
견디기 어렵게 만든다.

까닭에 절망은 인간에게 있어서
죽음보다
더,
무서운 현상인 것이다.

_보브나르그

새로운 길을
가는 그대에게

새로운 길을 간다는 건 기대와 두려움이 엄습하는 미지의 세계로 가는 것이다. 그러나 그럼에도 그 길을 가야 한다. 찬란하게 빛나는 모든 아름다움은 기대와 두려움 속에서 시작되고, 그 길을 걸어간 끝에 아름다움에 이르렀다.

새로운 길을 간다는 것은 새로운 세계를 만들어 나가는 거룩하고 창조적인 일이다. 가다보면 고난에 돌 뿌리에 채이기도 하고 시련의 웅덩이에 빠지기도 한다. 그러나 이를 두려워하지 말고 뛰어 넘어야 한다. 태양이 어둠을 뚫고 빛날 때 더욱 환하게 빛나듯 그 어떤 걸림돌도 뛰어넘는 자만이 새로운 길을 열고 꿈꾸는 것을 얻음으로써 스스로에게 삶에 가치를 부여하게 되는 것이다.
새로운 길을 간다는 것은 지금과 다른 세계를 만들어 나가는 일이다. 지금과 다른 길을 가고 싶다면, 그래서 자신이 간절하게 원하는 것을 얻고 싶다면 더 크게 눈을 뜨고 더 높이 바라보라.
더 힘껏 심호흡하며 더 멀리 내다보라.
더 깊이 생각하고 더 넓게 상상하라.

새로운 길은 새로워지기 위해 나아가는 자에게만 아낌없이 자신을 내어주는 꿈의 길이다.

_김옥림

처음처럼

새해가 오면 어김없이 하는 말이 '첫 출발을 잘 하자', '처음과 끝이 같도록' 이란 말이다.

이 말은 학생이나 직장인이나 가정이나 회사나 그 어디를 불문하고 쓰는 유행어와 같다.

그러나 1월 달 달력을 다 넘기기도 전에 이 말이 무색하리만치 사람들의 태도는 싹 바뀌고 만다.

그리고 덧붙이는 말이 "그냥저냥 살다 가는 거지 뭐." 라고 대수롭지 않게 말하곤 한다.

그런데 이런 말을 하는 사람들은 인생의 험준한 산을 넘고 격랑의 인생바다를 넘어 온 칠십 팔십의 노인들이 아니라 앞날이 푸른 소나무처럼 창창한 이들이라는 데 놀라지 않을 수 없다.

언제부터인지 우리 사회일각에선 주체의식이 사라져 버리고 신념은 구름처럼 흘러가 버리고 말았다.

젊음이 아름답다는 것은 생동감이 넘치고 파릇파릇한 꿈에 물든 모습 때문인데 그 생기 넘침은 사라지고 시든 장미같이 윤기 없는 모습만 보인다.

이는 자신에게 있어 치명적인 순간을 맞게 할지도 모른다.

비록 지금은 힘들고 어려워도 희망의 끈을 놓아버리지 않고 앞으로 나아가는 용기만 잃지 않는다면 반드시 자신의 꿈을 이루는 날이 올 것이다.

_김옥림

희망은 영원한
행복의 불꽃

희망이란
영원히
사람의 가슴 속에서
사라지지 않는다.

그러므로
사람은
당장,
행복하지 않아도
언젠가는
행복해진다고 생각한다.

_보부

희망으로 가득한
사람과 교류하라

희망으로
가득 찬 사람과 교류하라.

창조적이고
낙관적인 사람과 소통하라.

긍정적이고
능동적으로 행동하라.

그리고
그런 사람을
자신의 주변에 배치하라.

_노만 V. 피일

희망은 사람을
배신하지 않는다

희망이 있는 한 누구든 자신의 꿈을 이룰 수 있다. 희망은 희망을 간직한 사람을 절대로 배신하지 않기 때문이다. 희망은 인간이 살아가는 이유이자, 과정이자, 목적이다. 그런데 우리사회에는 희망을 잃고 힘겨워하는 이들이 있다. 매우 가슴 아프고 안타까운 일이 아닐 수 없다. 그러나 희망을 다시 찾는다면 용기를 내게 되고, 꿈을 향해 나아갈 수 있다. 어떤 상황에서도 자신을 지켜내기 위해서는 희망을 잃어서는 안 된다.

랍비 아키바가 여행을 하고 있었다. 나귀와 개와 조그만 램프를 가지고 있었다. 아키바는 헛간을 발견하고 잠자기 이른 시간이라 책을 읽는데 갑자기 바람이 불어 램프 불이 꺼지고 말았다. 하는 수 없이 그는 잠자리에 들었다. 그런데 여우가 나타나서 개를 죽이고, 사자가 나타나서는 나귀를 죽였다.

이튿날 아키바는 어떤 마을에 도착했지만 사람들이 보이지 않았다. 간밤에 도적떼가 나타나서 사람들을 다 죽였다고 했다. 만일, 개와 나귀가 죽지 않았다면 개와 나귀로 인해 그도 죽었을 것이다. 아키바는 이를 통해 '최악의 상황에서도 인간은 희망을 잃으면 안 된다. 나쁜 일이 좋은 일에 연결될 수 있음을 믿어야한다'는 것을 깨달았다. 희망은 희망을 품고 노력하는 사람을 좋아한다. 희망과 밥을 먹고, 희망과 길을 가고, 언제나 희망과 함께 하라.

_김옥림

희망의
눈

희망은

보이지 않는 것을

보고,

만질 수 없는 것을

만지며

불가능한 것을 성취한다.

_찰스 칼렙 콜튼

소중한 인생이
되는 비결

누군가에 꿈을 주고 행복을 주는 것은 참으로 가치 있는 일이다.
그래서 그런 일을 하는 사람을 보게 되면 존경스럽다.
왜 그럴까?
그것은 자신의 사랑을 온전히 주는 행위이기 때문이다.

"행복하기를 원한다면 남을 즐겁게 하는 일을 배우라."

M. 프라이어의 말이다.

남을 즐겁게 한다는 것은 사랑과 행복을 주는 일이다.
하지만 이 일을 하기란 자신을 희생할 줄 알 때만 할 수 있다.
소중한 인생이 되고 싶은가.
그러면 희망을 주는 사람이 돼라.

_김옥림

희망은 걱정을
물리치는 힘이다

"걱정은 내일의 슬픔을 덜어주는 것이 아니라 오늘의 힘을 앗아갈 뿐이다."

코리 덴 봄의 말처럼 걱정이란 나쁜 짐승과도 같다.
걱정이란 짐승이 마음의 문을 열고 들어오지 못하도록 걱정의 굴레로부터 벗어나라.
걱정을 몰아내는 가장 좋은 방법은 매사를 긍정적으로 생각하고 행동하는 것이다.

걱정은 백해무익한 인간의 적이다.

희망을 품고 희망을 향해 씩씩하게 나아가라.
그것만이 걱정을 물리치고 그대가 원하는 것을 얻게 할 것이다.

_김옥림

희망은 꿈꾸는
자의 편이다

희망은 꿈꾸는 자의 편이다.
그러나 모두에게 편이 되어주는 것은 아니다.
희망을 받아들일 준비가 되어 있는 자, 즉 무언가 새롭게 변화할
준비가 되어 있는 자에게만 찾아가 손을 잡아준다.

희망은 꿈만 꾸는 자에게는 찾아가지 않는다.
변화할 준비가 되어 있지 않기 때문에 찾아가 봐야 별 의미가 없기
때문이다.

희망은 새로운 생각, 새로운 목표, 새로운 꿈으로 무장되어 있는
자에게는 언제나 러브콜을 보낸다.
동서고금을 막론하고 새로운 인생을 개척하여 성공한 이들은 모두
같은 마인드를 가졌다.
희망이 이끄는 대로 잘 따르고 잘 받아들였던 것이다.

_김옥림

나에게는
꿈이 있다

나는
지금 꿈을 가지고 있다.

인간이 모두 형제가 되는 꿈이다.

나는 이런 신념을 가지고
나서서 절망의 산에다
희망의 터널을 뚫겠다.

나는 이런 신념을 가지고
여러분들과 함께 나서서
어둠의 어제를 밝음의 내일로 바꾸겠다.

우리는 이런 신념을 가지고
새날을 만들어 낼 수 있다.

_마틴 루터 킹

꿈을 이루는데
도움이 되는 것들

목표를 세우고
그것을 달성하는 습관을 갖춰도
성공의 반은
정복한 것이나 다름없다.

아무리 비천하거나
지루한 노역이라도
그 모든 일이 꿈을 이루는 데
도움이 되는 것이라는
확신을 가지고 하루하루를 살아가면
가장 하찮은
허드렛일조차도 감내할 수 있게 된다.

_오그 만디노

큰 꿈을
꾸기

큰 꿈을 꾸어라.

오직

큰 꿈만이

사람들의 영혼을

움직일 수 있는

힘을 갖는다.

_마르쿠스 아우렐리우스

꿈을 이루는
다섯 가지의 원칙

무언가를 좋아하고 간절히 원한다면 망설이지 말고 즉시 실행하라. 좋아하면 할 수 있고 실행하면 내 것이 된다. 다음은 '꿈을 이루는 다섯 가지의 원칙'이다.

첫째, 목표에 대한 준비를 철저하게 하라.
준비가 철저하지 않으면 아무리 목표가 좋아도 그림의 떡이 되고 만다.
둘째, 항상 성공한 자신의 미래를 상상하라.
성공한 자신의 모습은 상상만으로도 황홀하다.
또 강한 동기를 유발하는 활력소가 된다.
셋째, 자신을 혹독하게 훈련시켜라.
꿈을 이루는 길은 에베레스트 산을 오르는 것과 같다.
혹독한 훈련 없이는 등정에 성공하지 못한다.
넷째, 철저하고 독하게 실천하라.
목표가 꿈이라면 실천은 그것을 행동으로 옮기는 것이다.
독하게 행동으로 옮겨라.
다섯째, 가난을 슬퍼하지 말고 꿈이 없음을 반성하라.
가난을 극복하는 것은 꿈을 갖고 실행하는 것이다.
그런데 꿈이 없다면 어떻게 될까. 그것은 일장춘몽일 뿐이다.

_김옥림

자신의
별을 품기

자신이 무척이나 좋아하는 것은
별과 같은 것이다.

자신이 좋아하는 것을 마음에 품거나
소유하는 것은 별을 품는 것과 같다.

자신의 별을 품어라.
그리고 그 별을 사랑하라.
그러면 마음이 풍요로워지고
따뜻해 질 것이다.

자신의 인생을 행복하게 사는 사람들은
자신의 별을 사랑하는 사람들이다.

자신이 행복한 인생을 살고 싶다면
자신의 별을 품고 사랑하라.

_김옥림

지금 하라

할 일이 생각나거든 지금 하십시오.
오늘 하늘은 맑지만,
내일은 구름이 보일런지 모릅니다.
어제는 이미 당신의 것이 아니니, 지금 하십시오.

친절한 말 한마디 생각나거든,
지금 말하십시오.
내일은 당신의 것이 안 될지도 모릅니다.

사랑하는 사람은 언제나 곁에 있지는 않습니다.
사랑의 말이 있다면 지금 하십시오.

미소를 짓고 싶거든 지금 웃어 주십시오.
당신의 친구가 떠나기 전에 장미는 피고 가슴이 설렐 때
지금 당신의 미소를 주십시오.

불러야 할 노래가 있다면 지금 부르십시오.
당신의 해가 저물면 노래 부르기엔
너무나 늦습니다.
당신의 노래를 지금 부르십시오.

_로버트 해리

멀리 보는 눈이 아름답다

자신이 진정으로 행복한 삶을 살기를 원한다면 자신의 앞만 바라
보지 마라.
그건 근시안적인 것에 불과하다.
적어도 남과 다른 내가 되고 싶다면 자신의 목적을 정하되 멀리 내
다보는 안목을 키워야한다.

높이 나는 새가 멀리 보고 더 빠르게 먹이를 구하는 것처럼, 우리
의 삶 또한 그렇다는 것을 마음에 새겨 실천한다면 분명 보람 있는
인생을 살게 될 것이다.

미국의 저명한 심리학자인 윌리엄 제임스는 "일단 어떤 결단을 내
리면 그 다음에 해야 할 일은 오직 실천뿐이다. 그 결과에 대한 책
임과 걱정은 완전히 버려야 한다."고 말했다.

그렇다.
멀리 내다보고 자신이 품은 꿈을 향해 힘써 나아가라.

_김옥림

꿈을 위해
일하기

돈을 보고 일하지 말고 꿈을 위해 일해야 한다.
꿈은 사람을 나쁜 길로 가게 하지 않는다.
꿈은 사람들에게 진정성을 품게 하고
땀방울의 소중함을 가르쳐준다.

또한 살아가는 목적이 되게 하고 기쁨을 주고
자신의 존재가치에 대해 소중하게 만든다.
그래서 꿈을 위해 노력하는 사람들의 얼굴은
3월 봄빛처럼 환하고 마음은 부드럽고 온화하다.

꿈은 사람을 긍정적으로 변화시키고 능동적으로 만든다.
꿈은 용기를 주고 보람을 갖게 하며
마르지 않는 샘처럼 기쁨을 준다.

_김옥림

꿈과
실행

꿈꾸는 것도 훌륭하지만
꿈을 실행에
옮기는 것은 더 훌륭하다.

신념도 강하지만
신념에 실행을 더하면 더 강하다.

열망도 도움이 되지만
열망에,
노력을 더하면 천하무적이다.

_토머스 로버트 게인즈

꿈꾸는 대로
행동하라

당신은 꿈의 설계도를 갖고 있는가?

만일 그렇지 않다면 지금 당장 꿈의 설계도를 그려라.
누군가에게 의존하지 말고 당신이 직접 꿈의 설계도를 그려라.
설계도에 따라 초고층 빌딩을 짓고, 인천대교 같은 거대한 다리를
놓고, 거대한 항공모함 레이건호도 건조하는 것이다.
설계도가 없다면 그 어느 것도 할 수 없다.

사람은 누구나 자신의 인생의 주인공이다.
그런데 어떤 이는 화려한 주인공으로 사는데, 어떤 이는 초라함 그
자체다.
그 무엇이 이런 결과를 낳는 것일까.
그것은 꿈의 설계도가 있느냐 없느냐의 문제이다.
그리고 더 큰 문제는 설계도에 따라 꿈의 빌딩을 지었느냐 하는 것
이다.

꿈을 이루려면 꿈꾸는 대로 행동해야 한다.

_김옥림

생생하게
꿈꾸기

스티븐 스필버그는
열두 살 때부터
자신이 아카데미 시상식에 참석해서
상을 타고 관객들에게
감사의 말을 전하는 광경을
간절하게 상상했다.

그가 그 광경을 너무도
생생하게 꿈꾸고 말했음으로
우리는 그의 소망을 잘 알고 있었다.

_짐 솔린버거

꿈이 있는 사람

꿈이 있는

사람은 아름답다.

꿈을,

꾸는 사람은 미래를 사는 것이다.

꿈을 꾼다는 것은

영원을 사는 것이다.

_김옥림

나의 꿈 나의 인생

내가 전업 작가가 된다고 했을 때 주변에서 많이 말렸다. 섣불리 하다간 밥 굶기 십상이라고 했다. 그러나 나는 두 귀를 닫아걸고 내가 선택한 길을 걸어왔다. 고백하건데 그동안 경제적으로 많은 어려움을 겪었다. 그러나 책 쓰는 열정을 버릴 수 없었다. 베스트셀러작가도 아니면서 지금까지 버텨올 수 있었던 것은 글은 나의 목숨이고 천직이기 때문이다. 출퇴근이 없는 자유로운 시간이지만 나는 직장인들처럼 하루에 8시간 이상 글을 쓴다. 그렇게 하지 않으면 마음자세가 흐트러질 수 있기에 나는 내가 정한 원칙을 꼭 지키고 있다. 여기서 내가 정한 원칙을 소개하는 것도 좋을 듯하다.

첫째, 하루에 8시간 글쓰기.

둘째, 하루에 최소한 2시간 독서하기.

셋째, 사색과 산책하기.

넷째, 밥은 하루에 두 끼만 먹기.

다섯째, 6시간 잠자기.

이렇게 원칙을 지킨 덕에 시집, 소설, 동화, 동시, 교양서, 자기계발서, 자녀교육서 등 지금 까지(2014년 9월 현재)100여권의 책을 냈다. 지금도 나에겐 꿈이 있다. 누구에게나 사랑받는 책을 내는 것이다. 단 한권만이라도 헤밍웨이의 〈노인과 바다〉나 톨스토이의 〈전쟁과 평화〉 같이 오랜 고전으로 두고두고 읽기는 책을 남기는 것이 내 꿈이다.

_김옥림

꿈 정하기
3대 원칙

자신에게 잘 맞는 꿈을 정하기 위해서는

첫째, 자신이 가장 잘 할 수 있는 것으로 해야 한다.
자신이 가장 잘 하는 것은 그 만큼 자신감이 서고 효과적으로 이뤄
낼 수 있다.

둘째, 적성에 맞는 일을 선택하라.
적성에 맞는 일은 자신의 인성에 잘 맞기 때문에 큰 도움이 된다.

셋째, 자신의 능력에 벗어나는 일은 절대 하지마라.
능력에 벗어나는 일은 힘도 더 들고 성공할 확률도 낮다.

이 세 가지를 반드시 원칙으로 삼아 꿈을 정해야 한다.
그렇게 될 때 성공할 확률은 그 만큼 높아진다.

_김옥림

꿈과
행동

꿈이

현실의 행동으로 나타나고,

그 행동에서

다시 꿈이 생겨나게 되면

마침내

삶의

가장

바람직한 형태가 만들어진다.

_아나이스 닌

꿈을
기록하기

꿈과 목표를

종이 위에 기록하는 것,

그것이 가장 원하는

사람이 되기 위한

프로세스를

가동시키는 방법이다.

_마크 빅터 한센

꿈의 실현을
희망하라

모든
위대한 사람은 몽상가다.

우리 중 일부는 그런 대단한 꿈이
사그라지게 놔두지만
어떤 사람들은
그것을 키우고 보호한다.

그들은 그것을
힘들고 어려운 날에도 돌보아
꿈의 실현을 진심으로 희망하는 자에게
언제나 찾아오기 마련인
햇빛과 불빛을 만나게 된다.

_우드로 윌슨

꿈으로
가득 찬 다이어리

존과 나는
거의 언제나 다이어리를 펼쳐놓고,
나란히 앉고 했다.

첫 페이지 상단에
'레넌과 매카트니의 오리지널' 이란
제목을 붙이고 생각나는 대로
무엇이나 써 두었다.

다이어리 한 권이 그렇게 가득 채워졌다.

다음 세대에는
우리가 최고의 밴드가 될 거라는
꿈으로 가득 찬 다이어리였다.

_풀 매카트니

꿈꾸는
능력을 길러라

흔히 사람들은 재능과 노력이 성공을 가져다 줄 것으로 생각한다.
그러나 그렇지 않다.
성공을 불러들이는 것은 생생하게 꿈꾸는 능력이다.
내가 호텔 벨 보이로 생활할 때 내 주위에는 똑 같은 처지의 벨 보이들이 많았다.
호텔을 경영하는 재능이 나보다 뛰어난 사람들이 더 많이 있었고,
나 보다 더 열심히 일하는 사람들도 많았다.

하지만 온 힘을 다해서 성공한 자신의 모습을 그렸던 사람은 오직 나 하나 뿐이었다.
성공하는데 있어서 가장 중요한 것은 생생하게 꿈꾸는 능력이다.

_콘라드 힐튼

누군가에게
꿈을 주는 사람

내 꿈은 꿈을 주는 사람입니다.
어둠을 몰아내고 깊이 잠든 대지를 깨우며 온 누리를 밝게 비추는
아침햇살처럼, 부정적인 생각으로 가득 찬 이들의 거친 마음을 꿈
으로 가득 넘치는 긍정의 마음이 되게 하여 인간의 소중한 가치를
위해 나누는 삶을 사는 이들이 되게 하고 싶습니다.
꿈은 꿈을 가진 이의 친구며, 이상입니다.
꿈을 이룬다는 것은 최고의 가치입니다.
지금 누리는 문명의 이기와 안락함은 과거에 꿈을 가진 이들이 이
뤄낸 꿈의 결실입니다.
꿈을 이루기 위해 그들이 흘린 땀과 눈물은 때때로 그들을 시련에
들게 하고 한숨짓게 했지만, 그들은 어느 한순간도 결코 포기하지
않았습니다.
꿈을 포기한다는 것은 모든 것을 포기하는 일이라는 걸 알았으므
로 끝까지 하는 힘으로 이겨냈습니다.
꿈은 고통의 바다를 건너게 하고 시련의 능선도 넘게 하고 인간의
능력으로는 할 수 없는 것 까지도 이루게 하는 긍정의 빛과 소금입
니다. 꿈이 있는 사람은 아름답습니다. 꿈을 꾸는 사람은 미래를
사는 것입니다. 꿈을 꾼다는 것은 영원을 사는 것이기에 나는 꿈을
주는 사람이 되고 싶습니다.

_김옥림

신념과 믿음,
실천과 처세의 말

신념도
습관이다

신념이 강한 사람들은
신념을 기르기 위해 노력했음을 알 수 있다.
말하자면 신념을 수업처럼 여겼던 것이다.
그들은 신념을 기르기 위해
마음을 다스리는 책을 읽고
그대로 따라서 해보기도 하고,
자신의 연약한 마음을 다독이며
몸과 마음을 하나로 모우고 정진하는데
온 힘을 기울이며 노력하였다.

날마다 반복되는 일상에서
몸과 마음은 강인하게 변했고,
그것은 곧 그 무엇에도
절대 좌지우지 하지 않는
강직하고 곧은 신념이 되었다.

_김옥림

자신이
하는 대로 받는다

사람은 남에게 어떤 행동을 했느냐에 따라
그의 행복도 결정된다.
남에게 행복을 주려고 하였다면 그 만큼 자신에게도 행복이 온다.
자신의 아이에게 맛있는 것을 사주어
아이가 먹는 것을 보고 행복을 느낀다.
아이의 좋아하는 모습은 부모의 기쁨이기도 한 것이다.
이 이치는 부부 간에도 형제 간에도
친구 간에도 이웃 간에도 해당된다.
나아가서는 낯선 사람에게도 해당된다.
남에게 관대한 만큼 마음은 넉넉해진다.
하지만 남에게 야박하게 굴면
그 만큼 자신의 마음이 좁아진다는 것이다.
남을 때리는 자는 발 뻗고 편히 잠을 자지 못하는 법이다.
남에게 친절하고 관대한 것이 자신의 마음을 평화롭게 하는 것이다.
남을 행복하게 하면 자신 또한 행복하게 된다.

_플라톤

자신의 의지대로
살아가기

사람들의 뜻에 따라
세상을 살기란 참 쉽다.

자신의 뜻대로 살다간
고립되기 딱 좋다.

그렇지만 위대한 사람은
사람들 가운데에서 자신의 뜻에 따라
독립적으로 살아가는
자유인의 달콤함을
맘껏 누릴 수 있는 사람이다.

_랠프 왈도 에머슨

삶의 의지는
등불과 같다

등불을 든 사람은 결코
길의 끝까지 다다르지 못한다.

그는 항상 등불의 뒤에 서 있기 때문이다.

삶에 대한 의지 또한 그러한 등불과 같다.

의지를 갖고 살아가는 삶에서
죽음이란 존재할 수가 없다.

왜냐하면 그 등불은
최후의 시간까지도 끊임없이
그의 길을 비추고 그는 그 뒤를 따라
언제까지나 걸어가야 하기 때문이다.

_톨스토이

위대한
신념

무엇인가 되고 싶다면
신념을 갖는 일이 그 첫 걸음이다.

자! 신념을 갖자.
반드시 이루겠다는 신념을 갖자.
신념은 나의 사고에 생명을 주고 힘을 준다.

신념은 과학으로도
풀 수 없는 기적을 부른다.

신념은 나를 절망에서
끌어내 주는 마법의 약이다.

신념은 나의 고정관념을
파괴하는 다이너마이트이다.

나는 이제 신념을 가졌다.
그러므로 무서운 것은 아무것도 없다.
우주의 모든 것은 내 편이다.

_나폴레온 힐

그래도 해라,
아무것도 아닌 것처럼

오늘은 슬피 울어도 내일은 기쁨이 찾아올지도 모릅니다.
오늘은 분노로 가득 차나 내일은 소리 내어 크게 웃을지도 모릅니다. 오늘이 인생의 마지막인 것처럼 허무해도 내일은 희망이 푸른 날개를 퍼덕이며 찾아올지도 모릅니다.
아무것도 아닌 것처럼.

오늘은 내 주머니가 비록 초라하지만 내일은 가득 찰지도 모릅니다. 오늘은 날 알아주는 이가 없어도 내일은 날 찾아주는 사람들로 차고 넘칠지도 모릅니다.
아무것도 아닌 것처럼

당신이 하는 일에 대해 이렇다 저렇다 비방을 해도 자신의 일이 옳다면 결코 주눅 들거나 멈추지 마십시오.
아무것도 아닌 것처럼.

당신에게 주어진 영광에 대해 시샘하거나 따돌릴지라도 당신의 노력으로 이룬 것에 대한 긍지와 자부심을 갖고 더욱 더 자신에게 최선을 다해야 합니다.
아무것도 아닌 것처럼.

내 마음 같이 믿었던 사람이 어느 순간 등을 돌리고 떠나갈지도 모룹니다. 진실로 당신이 그를 이해한다면 그를 용서하십시오.
아무것도 아닌 것처럼.

누군가가 도움을 요청한다면 야멸치게 물리치지 마십시오. 내일은
당신이 누군가에게 도움을 요청할지도 모릅니다. 있는 그대로를
믿고 있는 그대로를 받아들여야 합니다.
아무것도 아닌 것처럼.

어제는 오늘을 몰랐던 것처럼 내일도 잘 알 수 없지만 삶은 늘 그
렇게 지내왔고 그래서 미래는 언제나 신비롭고 영롱합니다.
아무것도 아닌 것처럼.

오늘 하늘은 맑고 푸르지만 내일은 그 하늘을 영원히 못 볼지도 모
릅니다. 그래도 오늘 하루는 당신에게 주어진 일에 묵묵히 정성을
다 하십시오.
아무것도 아닌 것처럼.

_김옥림

성공의 원천,
신념

자기 자신을 믿어라.

자기의 재능을 인정하라.

그러나 자신의 능력에 겸손하고

확고한 신념이 없다면

성공할 수 없고 행복할 수 없다.

신념이야 말로

가장 빛나는 성공의 원천이다.

_노만 V. 필

신념과 의지

대개의 사람들은 신념과 의지를 하나의 것으로 뭉뚱그려 생각하는 것을 종종 보게 되는데, 이는 잘못된 생각이다.

신념이 어떤 일을 이루고자 갖게 되는 흔들림 없는 마음의 중심이라면 의지는 어떤 일을 이루기 위해 행하는 자세, 즉 실천적 표출이라고 할 수 있다. 다시 말해 신념이 정신적인 것이라면 의지는 실천적인 행위의 표현이다.
그래서 신념이 강하고 의지가 견고하면 목적하는 일을 이루어 내는데 있어 큰 힘을 얻게 되나 신념은 강한데 의지가 약한 사람은 아무것도 제대로 이루어내지 못한다.

흔들림 없는 마음의 중심만으로는 일을 이루지 못한다.
실천적 의지가 없으면 결국 아무것도 이룰 수 없는 것이다.
또한 의지가 아무리 투철해도 마음으로부터 신념이 약하면 어떤 일을 이루는데 있어 요원하다.

자신이 이루고자 하는 것을 이루기 위해서는 신념과 의지가 하나 될 때 가능한 것이다.
가령 어떤 사람이 무슨 일을 하고자 할 때 마음속으로부터는 강렬한데 그것을 행동으로 옮기는 데는 게으르거나 미숙하다면 아무것도 이룰 수 없다.

_김옥림

신념을 습관화하는 마음자세

1. 신념을 갖기 위해서는 자신 스스로에게 정직해야 한다.
자신이 자신에 대해 스스로 한 약속을 반드시 지키는 자세가 필요
하다.

2. 신념엔 반드시 실천적 의지가 뒤따라야 한다.
자신이 무언가를 하겠다고 결심했다면 무슨 일이 있어도 절대 포
기하지 말고 꾸준히 밀고나가라.

3. 신념 앞에 그 어떤 불신도 품지 마라.
흔들림 없는 신념 앞에 경거망동하지 마라.
자신을 믿지 못하면 신념을 기를 수 없다.

4. 신념은 곧 자신에 대한 믿음이다.
자신을 사랑하고 자신을 존중하는 마음을 가져라.
그리하면 자신을 중요하게 생각하게 됨으로 신념을 기르는 일에
최선을 다하게 된다.

5. 신념을 기르기 위해 마음을 다스리는 책을 읽고 그대로 따라서
해보기도 하고, 자신의 연약한 마음을 다독이며 몸과 마음을 하
나로 모으고 정진하는데 온 힘을 기울여야한다.

_김옥림

지금
그것을 하라

우리가

계획한 사업을 시작하는데

있어서의 신념은

단 하나이다.

지금,

그것을 하라.

이것뿐이다.

_윌리엄 제임스

지금
그것을 하라

신념 형
인간의 특징

신념 형 인간은 몇 가지 특징을 갖고 있다.

1. 담대한 마음을 늘 가슴에 품고 그 어떤 일에 있어서도 결코 물러
   섬이 없었다는 것이다.

2. 항상 꿈을 가지고 있었고 그 꿈을 향해 자신의 열정을 아낌없이
   바쳤다는 것이다.

3. 부정적인 생각을 버리고 능동적인 행동으로 자신이 원하는 일을
   긍정적으로 해냈다는 것이다.

4. 자신에 대해 굳은 믿음을 갖고 언제나 할 수 있다는 강인한 정신
   으로 자신의 일을 해나갔다는 것이다.

_김옥림

신념 형 인간이 되는
아주 특별한 12가지

1. 우리가 계획한 사업을 시작하는데 있어서의 신념은 단 하나이다. 지금 그것을 하라. 이것뿐이다.

_윌리엄 제임스

2. 담대 하라. 그리하면 어떤 큰 힘이 당신을 도와주려 할 것이다.

_베이실 킹

3. 가능하다고 믿는 사람이 반드시 승리한다.

_랠프 왈도 에머슨

4. 자신이 만일 패배의 마음을 갖고 있다면 그런 마음을 자신에게서 뿌리 뽑아야 한다. 그것은 패배를 생각하며 패배를 맛보게 하기 때문이다. 그러므로 패배를 믿지 않는 태도를 가져야 한다.

_노만 V. 피일

5. 우리들의 중요한 임무는 멀리 있는 것이 아니라 희미한 것을 보는 것이 아니라 가까이 있는 분명한 것을 실천하는 것이다.

_토마스 카알라일

6. 오늘이란 날은 두 번 다시 오지 않는다는 것을 잊지 마라.

_A. 단테

7. 인생은 짧다. 작은 일에 얽매이지 마라.

　_B. 디즈레일리

8. 인생은 작게 살기에는 너무나 짧다.

　_R. 키플링

9. 우리의 인생은 우리의 생각에 의해 만들어진다.

　_마르쿠스 아우렐리우스

10. 화내는 사람은 독으로 가득 차 있다.

_공자

11. 인간은 남에게 선을 행할 때 자신에게 최선을 다 하는 것이다.

_벤자민 프랭클린

12. 대부분의 사람들은 자신들이 행복해지려고 결심한 만큼 꼭 그 만큼만 행복해진다.

_아브라함 링컨

세종대왕의 신념

세종은 수많은 우여곡절 끝에 맏형인 세자 양녕대군 대신 조선의 제 4대 임금으로 등극하여 실용주의 노선을 펼쳐나갈 수 있었다. 그에 대한 예가 세종은 자신의 사람을 만드는데 있어서 신분의 차이를 두지 않았다. 사람의 신분보다는 각 개개인의 됨됨이와 능력을 보았던 것이다. 그런 세종을 비판하는 신하들도 있었지만 세종은 흔들리지 않았다. 왜냐하면 자신의 신념에 대한 굳은 믿음이 있었기 때문이다. 신념이 견고한 사람은 결코 흔들리는 법이 없다. 신념은 태산을 갈아엎어 평지가 되게 한다. 이런 삶의 법칙을 견지한 세종은 자신의 신념을 실제 속에 적용시킨 신념의 이론가이며 실천하는 행동가였다. 신념은 세종을 우리 역사의 최고의 성군이며 최고의 실용주의자로 남게 한 힘의 근원이다.

이에 대한 또 하나의 대표적인 예가 바로 한글을 창제한 것이다. 그 당시 최만리를 비롯한 학자들이 한글창제를 결사적으로 반대했지만 인재를 중요시 하던 세종은 반대론자인 그들을 벌하지 않고 설득시킨 끝에 자신의 신념대로 밀고 나가 관철시킬 수 있었다.

세종이 그처럼 한글창제에 목숨을 걸고 실행한 것은 한문이 모든 사람들에게 실용적이지 못하다는 것을 진즉에 간파했기 때문임은 너무도 잘 알려진 사실이다. 이 얼마나 위대한 신념의 산물인가.

이런 점에서 한글은 단순한 글자가 아니다. 세종의 혼이며 우리 민족의 긍지이다. 세종이 보여 준 실용주의는 모두의 모두에 의한 모두를 위한 편리주의인 동시에 현실주의의 근본인 것이다.

_김옥림

걱정을 몰아내는 10가지 방법

1. **걱정은 매우 위험한 마음의 습관이다.**
   나는 어떤 습관도 변화시킬 수 있다고 자신에게 다짐하라.

2. **사람들은 걱정을 함으로써 걱정의 노예가 된다.**
   독실한 신앙의 습관을 들여라. 그렇게 될 때 걱정으로부터 벗어
   날 수 있다. 모든 힘과 의지를 다해 신앙의 습관을 실천하라.

3. **매일 아침 잠자리에서 일어나 "나는 나를 믿는다."라는 말을 세
   번씩 소리 내어 외쳐라.**

4. **오늘 하루를, 내 생명을, 내가 사랑하는 사람을, 나의 일을 신의
   손에 맡겨라.**
   신의 손엔 악함이 없다. 신의 손엔 선함뿐이다. 어떤 일이 일어
   난다고 해도, 무엇이 되더라도, 내가 신의 손안에 있다면 그 무
   엇도 두려워 하지마라.

5. **소극적으로 말 하지 말고 적극적으로 말하라.**
   항상 적극적인 행동과 긍정적인 말만하라. 그 어떤 일도 적극적
   으로 행하라.
   "오늘 재수 없는 날이 될 것 같다."는 말 대신 "오늘은 즐거운
   날이 될 것이다."라고 말하라.

6. 대충대충 말하고 일하지 마라.
   비판적인 말이나 행동을 하지 마라. 압박감을 주는 분위기를 조
   성하지 말고 희망과 행복을 느끼도록 말 하고 행동하라.

7. 걱정이 많은 사람 마음엔 우울함, 패배감, 부정적인 생각으로 꽉
   차 있음을 알 수 있다.
   이것을 마음으로부터 몰아내고 행복과 희망적이고 긍정적인 생
   각으로 가득 채워라.

8. 희망으로 가득 찬 사람과 교류하라.
   창조적이고 낙관적인 사람과 소통하라. 긍정적이고 능동적으로
   행동하라. 그리고 그런 사람을 자신의 주변에 배치하라.

9. 걱정으로 힘들어하는 사람을 도와주라.
   남을 도와줌으로 그 걱정에서 해방될 수 있음을 믿어라. 남을
   도와주다보면 자신의 마음에도 용기와 희망이 싹트는 것이다.

10. 매일 자신이 예수그리스도의 협력자가 되어 살아간다고 생각하라.
    그리고 예수께서 자신의 곁에서 함께 한다고 믿어라. 모든 것은
    믿는 대로 됨을 믿어라.

_노만 V. 피일

신념에 대한
보상

신념은

아직 보지 못한 것을

믿는 것이며,

그 신념에 대한 보상은

믿는 것을

보게 된다는 것이다.

_성 아우구스티누스

자신이 하는 일에
신념을 가져라

인생이란
기쁨도, 슬픔도 아니며
그 두 가지를 종합해나가며 이뤄내는 것이다.

큰 기쁨이
거대한 슬픔을 불러오기도 하며
깊은 슬픔도
놀라운 기쁨으로 전환될 수 있다.

다만 그 가운데에서 자신이 할 일을 발견하고,
그 일에 대한 신념을 가진
사람만이 행복할 것이다.

사람의 가치는
흔히 그가 찾아낸
진리로 판단되지만 사실 그 보다는
그 진리를 찾기 위해 겪어 온
고난의 과정으로 정의되는 것이 옳다.

_톨스토이

모든 것은
자신에게 달려 있다

성공은
목표와 꿈,
기대에 도달하는
정도에 의해 측정되며

당신의 성공은
노력과 인내,
결단력으로 결정된다.

삶에서
성공하고자 한다면,
그 모든 것은
당신 자신에게 달려있다.
당신 자신의 책임이다.

_월 호튼

가능하다고
믿기

사람들이 현명하다고
생각하는 이상으로
관심을 기울이고

사람들이 안전하다고
생각하는 이상으로
위험을 무릅쓰며

사람들이 실용적이라고
생각하는 이상으로
꿈을 꾸고

사람들이 가능하다고
생각하는 이상으로
기대될 때 탁월함이 성취된다.

_짐 겐틸

지금 이 순간이
가장 중요하다

지금 이 순간을 삶의 구심점으로 삼아라.
시간 속에 살면서 잠깐씩
지금 이 순간에 들르는 것이 아니라,

지금 이 순간에 살면서 실제로 필요한 경우에만
과거와 미래를 잠깐씩 방문하도록 하라.
현재의 순간에게 항상 '네!' 라고 말하라.
이미 그러한 상황에 저항하는 것보다
무익하고 어리석은 태도가 있을까.

삶은 항상 '지금'이 있을 뿐인데도 그러한
삶 자체에 반대하는 것보다 더 미친 짓이 있을까.
있는 그대로 내 맡겨라.
삶에게 "네."라고 말하라.
그제야 삶은 당신을 거역하지 않고
당신을 향해 움직이기 시작할 것이다.

언제나 현재의 순간만이 내가 갖고 있는
전부라는 것을 깊이깊이 인식하라.

_에크하르트 톨레

의지가 있다면
무엇이든 가능하다

안타깝게도 너무도 많은 사람이
넘치도록 풍요로운
자신을 깨닫지 못한 채 살아간다.

우리는 무엇이든 될 수 있다.
또한 무엇이든 할 수 있다.

허무맹랑한 말이 아니라 완벽히 그 말 그대로
현실에서 '불가능해, 이 상황에서는 될 리가 없어.'
라고 말하는 것은 아직 게으른 마음이
남아 있기 때문이다.

무엇에든 진심을 다 하지 못하기 때문이다.
그러나 의지가 있다면 무엇이든 가능하다.
실제 그것을 이룬 사람,
그렇게 된 자는 그것이 진실임을 알고 있다.

자신의 풍요로움을 깨달아라.
그리고 풍요가 이끄는 대로 충실히 움직여라.

_프리드리히 니체

자신의 신념을
성실하게 따르기

언제나 성실할 것이라는
약속은 할 수 있지만,

항상 같은 신념으로 일관하며
살 것이라는 약속은 할 수 없다.

신념이란
새로운 경험이나 만남에 의해
변하고 성장하기 때문이다.

그때그때
자신의 신념을 성실히 따른다면
그것으로 충분하다.

_괴테

인간에게
가장 중요한 일

굳은 신념을 가진다는 것은
인간에게 있어서 가장 중요한 일이다.

그러나 아무리 굳은 신념이 있더라도
다만 침묵하고
가슴 속에 품은 채 넣어 두어서는
아무 것도 안 된다.

어떠한 대가를 지불하더라도 그렇다.

죽음을 걸고라도 반드시
자기도 신념을 실행한다는 용기가 필요하다.

여기에 비로소 자기가 가진
신념이 생명을 띄게 하는 것이다.

_로올리

확고한
신념

정말로 단단한 칼은
아무리 갈고 닦아도 얇아지지 않는다.

정말로 흰 것은
아무리 검은 물을 들여도 검어지지 않는다.

진정으로 확고한 마음에
품은 신념이란 바로 그런 것이다.

어떠한 유록이나
역경 앞에서도 절대 흔들리지 않는다.

_논어

의지력을
기르기

아무리 뛰어난 천재라고 해도 그냥 내버려두면 평범한 사람이 되고 만다.
일관된 의지로 재능을 한곳에 집중하는 능력을 길러야 천재성을 활짝 피어나게 할 수 있다.

한편 범재라고 해도 자금까지 흩어져 있는 노력을 한곳에만 집중한다면 성공의 길로 한 걸음 더 다가설 수 있다.
의지가 확고하지 못해서 시작한 것을 중간에 포기하는 것을 반복한다면 절대로 성공할 수 없다.
굳은 의지로 일관되게 노력하는 것이야말로 성공의 필요조건이다.

_오리슨 스웨트 마든

끝까지 하는
근성을 길러라

목표에 도달할 때까지 한 가지 일에 몰두하지 못하는 젊은이가 너무 많아 놀랍다.
처음 일에 달려들 때는 맹렬한 기세를 보이지만, 이를 악물고 끝까지 해내려는 근성이 너무나 부족하다.
쉽게 좌절해버리고 만다.
일이 잘 될 때는 그런대로 버티지만 그러지 않을 때에는 쉽게 기죽고 만다.
자기보다 뛰어난 사람이 도와줘야만 겨우 용기를 내어 다시 시도해볼 따름이다.
이러니 독립심이나 독창성은 찾아보기 힘들다.
기껏 한다고 해봤자 그저 남들 하는 일을 따라하는 데 그친다.
대담하게 한 발 앞서서 치고나갈 용기가 없다.

_시오도어 커일러

저력은 성공의 힘,
저력을 길러라

거대한 나무 안에는 미래를 위한 에너지가 꽉 차 있다는 생각이 문득 떠 올랐다.

그런데 이 나무는 하루아침에 거대한 에너지를 얻었을까.

그렇지 않다.

험준한 산은 옆에서 다그치며 자극을 주었다.

산등성이의 흙은 나무를 지탱해 주었으며, 구름은 눈비를 뿌려 성장을 도와주었다.

여름과 겨울을 거듭해서 지내며 넓게 뻗어나간 뿌리 역시 귀중한 양분을 흡수했던 것이다.

_토머스 스타 킹

어떤 운명에도
굴복하지 않기

어떤 운명의 화살이
나에게 빗발치듯 쏟아져도
거뜬히 막아내고도 남을
널따란 방패처럼
영혼이 내게는 있다.

불우한 운명이 내 것이 아니듯,
나 역시
불우한 운명의 것이 아니다.
무엇이 내 영혼을 지배할 것인가.

_드라이든

인생이라는
바다를 건너는 법

인생이라는 바다에
큰 폭풍우가 몰아칠 때
안전한 해변에서
하나님이 구원해주시지 않을까
가만히 기다리지 말고
몸과 마음을 다해 힘껏 헤쳐 나가라.

칼바람이 불어와 바늘처럼 살을 찌를 때
두꺼운 옷으로 온 몸을 가려
그 신성한 힘,
그 신성한 목적을 무시하지 말고
온 신경을 곤두세우며 견뎌내라.

_휘티어

약자와
강자

길을 가다가

돌을 만나면

약자는

그것을 걸림돌이라고 말하고

강자는

그것을 디딤돌이라고 말한다.

_토머스 칼라일

곤경의 열쇠는
재기의 기회이다

당신을
곤경에 빠뜨린
바로 그것이

또한 당신을
곤경에서 구해 주는
열쇠가 될 수도 있다.

박힌 가시는
가시로 빼내고

땅으로 넘어진 자는
땅을 짚고
일어서기 때문이다.

_이드리스 샤흐

프로와
아마추어의 차이

프로는
자신이 하는 일에
자신감과 민첩함을 갖추고
일을 마무리한 뒤
결과를 의연하게 지켜보지만,

아마추어는
자신이 하는 일에
항상,
불안을 느끼고 의심을 한다.

_윈스턴 처칠

성공의 비결
끈기를 길러라

끈기는

성공의 위대한 비결이다.

만일,

끝까지 큰 소리로

문을 두드린다면

당신은 분명히 어떤 사람을

깨우게 될 것이다.

_롱펠로우

믿음이란
무엇인가

믿음이란
나를 온전히 내어주는 것이다
나를 기꺼이
사랑하고 신뢰하는 이에게
겸허히 바치는 것이다

그리하여 믿음이란
의심 없이 두려움 없이
그 사람과 나와의 사이를
가장 아름답고 가장 끈끈하게 이어주는
순정純情의 깃발이다

_김옥림의 〈믿음〉 중에서

자신을 믿고
행동하기

자신이 생각하기에
능력이 부족하다면
무리수를 두면서 까지 하지마라.

다만, 이것은 어디까지나
스스로 할 수 있는
모든 노력을 해보고 나서
본인 스스로 내린 결정일 때이다.

아예 시도도 해보지 않고
내 힘으로는
그것을 할 수 없다고 한다는 것은
게으르고 못난 자들이나 하는 짓거리이다.

왜냐하면
이는 스스로 자기 자신을
부정하는 어리석은 일이기 때문이다.

_논어

할 수 있다 믿으면
정말 할 수 있게 된다

할 수 있다 믿으면

반드시 할 수 있게 된다.

하지 않을 것이라고 믿으면

분명히 하지 않게 될 것이다.

믿음은

당신을

발진하게 만드는 점화스위치다.

_데니스 웨이틀리

자신이 믿는 대로
믿음은 실현된다

몇 년 전 나는 여행의 일정으로 배를 타고 알래스카 황야를 보러 갔다. 어느 날 빙하 지역을 관광하는 도중 갑작스런 눈보라가 불어와 시야를 가렸고, 나는 같이 갔던 사람들의 무리에서 떨어지고 말았다. 돌풍이 멈춘 뒤 주위를 둘러보았지만 아무도 보이지 않았고 소리를 질러도 아무런 대답이 없었다. 춥고 메마른 산중턱에 혼자 남겨진 나는 두려움에 휩싸이기 시작했다. 그 때 워크숍에서 참가자들이 내게 했던 말이 떠올랐다.

"어떻게 해야 할지 모를 때에는 기도를 하세요."

나는 곧 바로 기도를 했지만 아무 일도 일어나지 않았다. 날은 점점 어두워졌고 모든 희망을 포기하려는 순간 멀리에서 사람의 모습이 보였다. 나는 있는 힘을 다해 손을 흔들어 내 존재를 알렸다. 그는 물개 사냥을 마치고 돌아오던 에스키모였고, 그는 나를 썰매에 태워 시내로 데리고 가서 일행을 만나게 해주었다. 사실 에스키모가 나타나기 전까지 나는 하늘이 나를 버렸다고 생각했었다.

_바바라 골든

집중해서
실행하기

나는 다른 사람보다
일을 많이 하는 게 아니라
사실은 더 적게 한다.

사람들이 일하는 것을 보면
보통 세 번에 걸쳐 한다.

우선 본격적으로 시작하기 전에
미리 생각하느라 한 번,
실제로 그 일을 하느라 한 번,
나중에 다시 검토하느라 한 번,
이렇게 세 번 한다.

그러나 나는 한 번에 끝내고 만다.
다만
최대한 집중해서 하려고 노력할 뿐이다.

_헨리 워드 비처

시간이
해결해 준다

경험이 풍부한 노인은
무슨 곤란한 일에 부딪혔을 때
급히 서두르지 않고 내일 까지
기다리라고 말한다.

사실 하루가 지나면 선악을 불문하고
사정이 달라지는 수가 많다.
노인은 시간의 비밀을 알고 있기 때문이다.

사람의 머리로써 해결할 수 없는 문제를
가끔 해결해 주는 수가 있다.

오늘 해결하기 어려운 문제는 우선 하룻밤 푹 자고 내일 다시
생각해보는 것도 상책이다.

곤란한 문제는
조급히 해결해 버리려고 서두르지 말고,
한 걸음 물러서서
잘 바라보는 것이 현명한 일이다.

_슈아프

타인을 먼저
가게 하라

좁은 길을 둘이 나란히 갈 수는 없다.
그럴 때 서로 우긴다면 둘 다 가지 못한다.
이럴 때는 한 걸음씩 멈춤으로써
타인을 먼저 가게 할 줄 알아야한다.

맛좋은 음식은 누구나 좋아한다.
비록 맛좋은 음식을
자기 혼자 먹을 수 있게 되었다 할지라도
3할 쯤 덜어서 다른 사람에게
맛보도록 할 줄 알아야한다.

이처럼 세상만사에 대해서
일보 양보하고 3할을 나눌 줄 안다면,
세상을 안락하게 살아갈 수 있을 것이다.

_채근담

참고
또 참기

참을 수 있거든

참고 또 참으며,

경계할 수 있거든

경계하고 또 경계하라.

참지도 못하고

경계하지도 못하면

조그마한 일이 크게 된다.

_명심보감

배려하는
마음

어떤 노인이 정원에 나무를 심고 있었다. 노인의 얼굴에선 땀이 비 오듯 쏟아졌다.

"아, 덥다 더워. 하지만 부지런히 심어야지."

노인은 연신 수건으로 땀을 닦아 내면서도 쉬지 않고 계속해서 나무를 심고 또 심었다. 노인의 얼굴엔 기쁨으로 가득 차 있었다. 때마침 그 곳을 지나가던 나그네가 노인을 향해 말을 걸었다.

"어르신, 그 나무에서 언제 열매를 거둘 수 있다고 그렇게 열심히 나무를 심으십니까?"

"한 70년은 지난 뒤에야 결실을 볼 수 있을 것이오."

"네에, 그렇군요. 어르신께서 그토록 오래 사실 수 있으시겠습니까?"

나그네는 고개를 갸우뚱거리고 또 다시 물었다. 그러자 노인은 나그네를 바라보며 빙그레 웃었다. 그리고는 이내 말문을 열었다.

"아니오. 그렇게 살 수 없지요. 내 나이가 지금 몇인데……"

"그럼, 왜 그토록 열심히 나무를 심으십니까?"

"그 이유를 꼭 알고 싶소?"

"네. 어르신."

"나는 이 나무에서 자란 열매를 먹지 못해요. 하지만, 내가 태어날 때도 많은 과일나무가 있었다오. 그 과일나무로 인해 나는 많은 열매를 먹을 수 있었소. 그런데 그 과일나무를 내 아버님께서 내가 태어나기도 전에 심어 놓으셨다오. 나 역시 내 아버님처럼 나무를

심어 놓으면 다음에 태어날 내 손자들이나 다른 사람들이 맛있게
먹게 될 것 아니겠소. 난 그런 마음으로 심는 거라오."
"네. 그런 뜻이 있으셨군요."
나그네는 노인의 말을 듣고, 깊은 감동을 받았다. 그리고는 그 자
리에서 한동안 그대로 서 있었다.

_탈무드

사소한 배려가
큰 감동을 준다

한 남자가 자그마한 보트 한 척을 가지고 있었다.

그는 여름이 되면 가족들을 보트에 태우고 호수로 나가 낚시를 하며 즐거운 시간을 보내곤 했다.

"얘들아, 재미있니?"

"네. 아빠! 무지무지 재밌어요."

"당신은 어때요?"

이번엔 아내에게 물었다.

"저도 물론 재미있지요."

"그래요. 우리 행복한 시간을 보냅시다."

이들 가족은 시간 가는 줄 모르고 즐거운 시간을 보내곤 했다.

여름 내내 즐거운 시간을 보내고, 여름이 지나자 보트를 뭍으로 끌어올렸다. 그때서야 그는 보트 밑바닥에 구멍이 뚫려 있다는 사실을 알게 되었다. 하지만 그것은 매우 작은 구멍이었고, 어차피 겨울 동안은 보트를 사용하지 않기 때문에 다시 사용하게 될 내년에나 수리해야겠다고 생각하고는 그대로 두었다. 그리고는 페인트공에게 보트에 페인트 칠만 새로 부탁했다.

겨울이 지나고 봄이 지나고 여름이 되었다. 그의 두 아이는 어서 보트를 타고 호수로 나가고 싶어 했다.

"아빠! 빨리 보트 타러 가요! 네? 아빠!"

"지금은 안 돼, 아빠가 너무 바쁘거든."

"그러면 아빠, 우리 둘이 조심해서 탈게요."

"그래? 알았다. 그럼, 조심해서 타야 한다. 무슨 일 있으면 큰 소리 쳐라."

"네, 아빠."

남자는 보트에 구멍이 나 있다는 사실을 까맣게 잊어버리고 두 아이에게 보트를 타도 좋다고 승낙했다. 그가 보트에 구멍이 뚫려 있다는 사실을 깨닫게 된 것은 이미 두 시간이 지난 뒤였다. 게다가 아이들은 수영을 하지 못했다.

"이, 이를 어쩌지! 크, 큰일 났구나."

남자는 허둥거리며 밖으로 뛰어나갔다. 그러고는 호수를 향해 미친 듯이 달려갔다. 그런데 놀라운 일이 그의 눈에 들어왔다. 큰일이 난 줄 알았던 두 아이가 보트를 뭍으로 끌어올리고 있었던 것이다.

"오! 세상에 이런 일이 다 있다니!"

그도 그럴 것이 아이들이 죽은 줄로만 알았기 때문이다. 그는 두 아이를 반갑게 끌어안고는 한동안 그대로 있었다. 영문을 모르는 아이들은 동그래진 눈으로 말했다.

"아빠, 갑자기 왜 그래요? 무슨 일 있어요?"

"아냐, 그대로 있어. 그냥, 아빠가 너희들을 안아주고 싶어서 그러는 거야."

그는 이렇게 말하며 아이들의 얼굴을 어루만졌다. 그리고 그는 보트 바닥을 살펴보았다. 그런데 구멍 난 밑바닥을 누군가가 말끔히 수리를 해놓았던 것이다.

"이, 이럴 수가! 누가 수리해놓았지?"

그는 혼자말로 중얼거렸다. 그런데 지난겨울 보트에 페인트칠을 했던 페인트 공이 생각났다. 그는 페인트 공을 찾아갔다. 그리고 그에게 사례금을 내놓았다.

"아니, 이게 무슨 돈입니까?"

아무것도 모르는 페인트 공은 의아한 얼굴로 말했다.

"사실 그 보트에 구멍이 나 있었는데 수리한다는 걸 깜빡 잊고 아이들에게 호수에서 보트 놀이를 하라고 했습니다. 그리고 두 시간 후 보트에 구멍이 뚫려 있다는 게 생각나 아이들에게 큰일이 났겠구나, 하고 달려가 보니 아, 글쎄 아이들은 멀쩡하고 보트 구멍도 수리가 돼 있지 뭡니까? 얼마나 감사하고 고맙던지·······. 그래서 이렇게 찾아왔습니다. 보트에 구멍 난 것을 본 사람은 나 외에 당신밖에 없으니까요."
"아, 그랬군요. 페인트를 칠하는데 구멍이 나 있기에 손본 것뿐입니다. 이 돈은 받을 수 없습니다."
"아닙니다. 너무도 감사한 마음에서 드리는 것이니 받아주세요."
 남자는 이렇게 말하며 머리 숙여 깊이 감사해했다. 페인트 공 얼굴에도 기쁨의 꽃이 활짝 피어났다.

_탈무드

혀를
조심하라

한 랍비가 있었다.

어느 날 랍비는 하인을 시켜 아무리 비싸더라도 가장 맛있는 것으로 사오라고 시켰다.

"주인님, 주인님께서 말씀하시는 것은 어떤 것이라도 상관이 없습니까?"

"그래. 그러니 맛만 있으면 된다. 맛있는 걸로 사 오너라."

"네, 잘 알겠습니다."

하인은 시장으로 부리나케 갔다. 무엇을 살까 이리저리 궁리를 하다 혀를 사 가지고 돌아왔다.

"주인님, 여기 있습니다."

하인은 혀를 내 놓으며 말했다.

"오, 그래. 네가 사 온 것이 혀란 말이냐?"

"네, 주인님."

"오냐, 수고했다."

이틀 뒤 랍비는 또 하인에게 심부름을 시켰다.

"오늘은 맛이 없더라도 값싼 것을 사 오너라."

"네, 주인님."

하인은 이번에도 이리저리 궁리를 하다 혀를 사 가지고 왔다. 랍비는 하인을 넌지시 바라보며 말했다.

"너는 내가 비싸더라도 맛있는 음식을 사 오라고 했을 때에도 혀를 사왔고, 맛은 상관없으니 값싼 음식을 사 오라고 이른 오늘도 혀를 사 가지고 왔으니, 대체 그 까닭이 무엇이냐?"
"혀가 좋을 때는 한 없이 좋지만, 나쁠 때는 그 보다 더 나쁜 것은 그 어디에도 없기 때문입니다."
하인은 아무 주저 없이 자신의 생각을 말했다. 그러자 랍비는 고개를 끄덕이며 하인을 보고 웃으며 말했다.
"오, 그래. 그럴 수도 있겠구나. 과연 현명한 생각이로구나."
"주인님, 칭찬해 주셔서 감사합니다.
하인은 활짝 웃으며 말했다.

_탈무드

한 걸음
양보하라

세상을 살아가면서 결코
다른 사람과 앞을 다투어서는 안 된다.

언제나 항상 양보할 줄 알아야한다.

이렇게 하는 것이 자기 자신의
인격을 높이는 것이며,

자연 남보다 높은 지위에 앉게 되는
근본이 되는 것이다.

즉, 한 걸음 물러선다는 것은
다시 한 걸음 나아갈 수 있는
계기가 되기 때문이다.

_채근담

겸손하라,
겸손한 자가 되라

사람이란
자신의 내면을 깊이 파고들수록
자기는 아무런 가치가 없는
인간이라는 생각을 하게 된다.

성현들의 맨 처음 가르침은 겸손이었다.
지금껏 겸손에 대하여 많은 교훈이 있었지만,
사람들은 그 중의 일부만을 알 따름이다.

겸손이란
자기 자신에 대하여
깨달은 것이 있을 때
최초로 생기는 감정이다.

겸손은
스스로에 대한 지식을 높게 해준다.
자신의 약점을 아는 사람은
오히려 그로 인해 힘을 얻게 된다.

_채이닝

자만은 스스로를
옭아매는 올무이다

자신에게 만족하지 못하는 사람은
소심하다고 할 수 있지만
자신에게 만족하는 사람은
어리석은 자에 불과하다.

자만심은 분별없이 기뻐하는 자의 특성으로
평판이나 위신에 해로울 뿐
아무런 득이 되지 않는다.

그런데 대개 사람들은
자신의 무한한 가능성을
제대로 통찰해 내지 못하고
현재 찾고 있는 비천하고 평범한
재능에 만족하고 만다.

반면 최악의 상황을 고려하고 나쁜 결과를
대비하는 사람은
좋지 않은 결과를 맞닥뜨린다 해도
자신을 위로할 준비가 되어 있다.

_발타하르 그라시안

좋아하는 일은
좋은 결과를 가져온다

사람은
누구나 항상
자기가 좋다고 생각하는 일을 하게 된다.

만일 실제로 그 일이 좋은 일이라면
그 사람은 옳은 것이다.

그러나 그 일이 잘못된 일이라면
누구보다도 그 자신에게
나쁜 결과를 가져오게 된다.

모든 그릇된 일 끝에는
반드시 고통이 따르기 때문이다.

이 점을 늘 기억한다면
남에게 화를 내거나 짜증을 내지 않을 것이다.

또 남을 비난하거나 꾸짖지도 않을 것이며,
사이가 벌어지지도 않을 것이다.

_에픽테토스

모든 일마다
공을 바라지마라

세상을 살아가면서
모든 일마다
공이 있기를 바라서는 안 된다.

공이 따로 있는 것이 아니라
허물이 없으면
그것이 곧 공인 것이다.

남에게 무엇을 베풀 때는
자신의 덕에
감동할 것을 바라지 말아야 한다.

덕이 따로 있는 것이 아니다.
원망을 듣지 않으면 그것이 곧 덕이다.

_채근담

관용을
베풀기

남의 잘못에 대해 관용을 베풀라.

오늘 저지른 남의 잘못은
어제의 내 잘못이었던 것을 생각하라.

잘못이 없는 사람은 하나도 없다.

완전하지 못한 것이
사람이라는 점을 생각하고,
진정으로 대해 주지 않으면 안 된다.

우리는 어디까지나 정의를 받아들여야 하지만
정의만으로 재판을 한다면,
우리들 중에
단 한 사람도 구함을 받지 못할 것이다.

_셱스피어

상대의 입장을
생각하라

더울 때 솜옷을 입은 사람이

곁에 앉았거든

비록 뜨겁더라도

더운 것을 말하지 말 것이며,

홑옷을 입은 사람을 보면

비록,

추운 겨울이라도 춥다고 하지 마라.

_명심보감

몸과 마음을
갈고 닦기

처세하는 데
말이 많고
중심이 없는 사람은
그 만큼 몸과 마음을 해치는 법이다.

그러므로
몸과 마음을 잘 수양하면
반드시
그 마음 둘 바를
잘 알 수 있을 것이다.

_이율곡

덕이 있는
어진 사람의 자세

덕이 있고
어진 사람은
남의 결점을 볼 때마다
그것을
흉보는 것이 아니라,
그 결점이
그 자신에게도
있나 없나를 찾아보고
단,
하나의 결점이라도 있으면 곧 고친다.

_왕양명

예의에
벗어나지 않기

247

사람이 몸가짐을
늘
조심해서
예의에 어긋난
행동을 삼갈 것이다.

그러므로
사람은
늘 보고, 듣고, 말하고,
움직이는 것이
모두 다
예의에 맞아야 한다.

_이율곡

품격을
갖추기

꽃에 향기가 있듯이
사람에게도 품격이란 것이 있다.

그러나 꽃도
그 생명이 생생할 때에는
향기가 신선하듯이

사람도 그 마음이 맑지 못하면
품격을 보전하기 어렵다.

썩은 백합꽃은 잡초보다
오히려 그 냄새가 고약하다.

_셱스피어

도리와
의리를 지키기

처세하는 데 있어서는

마땅히

자기가 지켜야 할

도리를 다 할 것이며

의리를 지켜야 한다.

그러므로 세상의 저속한 말이나 풍문

그리고 남의 과오까지도

일체 입에 담지 말아야 한다.

_격몽요결

변화와 혁신,
마음의 근육을 키우는 말

거듭 자신이란
껍질을 벗겨내라

차라리 죽음을 택하고 싶을 만큼
번민하고 고뇌하며 고난을 뛰어넘는 자는,
과거의 자신으로부터 완전히 벗어날 수 있다.

새로운 빛과 어둠을 체험함으로써
전혀 다른 자신으로 변모한다.

그런 후에는 주변 사람들이
오래 된 유령처럼 보이는 법이다.

지인들의 목소리는 전혀 현실감이 없으며
마치 희미한 그림자의 목소리처럼 들린다.

심지어 시야가 극히 좁은,
풋내 나는 미숙한 영혼으로 느껴지기도 한다.

말하자면 자기 극복을 치열하게
거듭하는 자일수록 더 많이,
더 격렬히 성정하고 변화한다,

_프리드리히 니체

오늘

오늘은 어제와 내일을 이어주는
영원의 징검다리
오늘이 있어 이상을 품고
먼먼 미래를 향해 나아가리니
오늘은 가고 과거는 남는 것
수많은 오늘의 날들이 우주를 만들고
생명을 만들고 역사를 이루고
새로운 오늘을 이어오고 이어가나니
오늘이 가면 더는 오늘이 아닌 것을
한 번 뿐인 생의 만개滿開를 위해
희망의 날개를 달고 불타는 눈동자로
견고하고 흐트러짐 없는 열망의 이름으로
오늘을 살고 오늘을 가라
오늘은 아름다워라
오늘은 누구의 것도 아닌 우리 모두의 것이리니
오늘 속에 영원히 있고 영원 속에 오늘은 가는 것
날마다 새로운 오늘을 위해
오늘을 목숨처럼 사랑하라

_김옥림

변화를 기쁘게 받아들이기

세상에 영원이 존재할까.
영원히 얼어 있을 것만 같았던 북극의 빙하는 빠른 속도로 녹고 있으며 오존층도 점점 줄어들고 있다.
사람과 사람의 관계도 언젠가는 끝나게 마련이며 가족과 친구들이 특별한 이유 없이 태도를 바꾸기도 한다.
이처럼 모든 것이 변하는 세상에서 과연 우리는 무엇을 믿고 의지해야 할까.

세상에서 유일하게 영원한 것은 바로 '변화' 다.
변화만이 끊임없이 지속되는 것이다.
우리가 알고 있는 이 세상과 우주는 커다란 캔버스에 그려진 일부분일 뿐이며 이것 역시 끊임없이 변화한다.
우리는 갑작스럽게 찾아오는 변화의 성질을 이해하고 긍정적인 마음으로 이를 받아들여야 한다.
앞으로 삶 속에 찾아오는 모든 변화에 당황하거나 주춤하지 말고 있는 그대로 받아들여라.
그러면 비로소 창조의 과정에 자연스럽게 어우러질 수 있으며 평화로운 삶을 살 수 있다.

_바바라 골든

열정

열정은 단순할수록 좋다
열정은 오직
열정만을 생각할 때
더 열정답다.

열정은 생각이 복잡할수록
열정으로써 가치를 상실한다.

열정은 단순해야 한다.
단순한 열정은
가슴을 뜨겁게 만드나니
단순한 열정을 가지려면
미쳐야 한다.
미치지 않는 것은 열정이 아니다.

_김옥림의 〈열정〉에서

세상을 깨우고 싶다면
당신이 먼저 깨어나라

만일 당신이 세상을 바로잡고 모든 악과 불행을 내쫓고 싶다면 황무지에 꽃이 피게 하고, 적막한 불모지가 장미꽃이 만발하듯 번영하게 만들고 싶다면 먼저 당신 자신을 바로잡아라.

오랫동안 죄에 사로잡혀 있는 이 세상이 영광을 향해 방향을 바꾸도록 이끌고 싶다면 찢어진 사람들의 가슴을 회복시키고, 슬픔을 뿌리 뽑고 감미로운 위로가 넘치게 하려면 먼저 당신 마음의 방향을 바꿔라.

세상의 오랜 질병을 치료하고 세상의 슬픔과 고통을 끝내려면, 모든 것을 치유하는 기쁨을 세상에 가져오려면 그리고 고생하는 이들에게 평안을 주려면 먼저 당신 자신을 치료하라.

세상을 사랑과 평화로 인도하고 영원한 생명과 빛과 광명에 이르게 하여, 죽음과 음울한 투쟁을 잠으로부터 세상을 깨우고 싶다면 먼저 당신 자신이 깨어나라.

_제임스 앨런

한 곳에 머무는
것을 경계하라

바람은 한 곳에 머무는 법이 없다. 바람은 계속해서 불어야 바람인 것이다. 강물 역시 계속해서 흘러야 한다. 고여 있는 물은 썩어서 악취를 풍기고 살아 있는 생물들을 모두 죽게 만들고, 그 어떤 생물도 살지 못한다. 물은 흘러가면서 정화작용을 함으로써 깨끗한 물이 되고 온갖 생물들을 품어 생명을 전해준다.

이렇듯 바람은 불어야 바람이고, 물은 흘러야 물인 것이다. 사람들 중에도 흐르는 강물 같은 사람이 있고, 고여 있는 물과 같은 사람이 있다. 강물이 계속해서 흘러감으로써 생명을 이어주고 이어가듯 흐르는 강물 같은 사람은 지금보다 나은 내일을 위해 항상 변화를 꿈꾸며 노력한다. 이런 유형의 사람은 한시도 가만히 있질 않는다. 끊임없이 무언가를 생각하고 앞으로 나아가기 위해 열정을 쏟는다.
그러나 고여 있는 유형의 사람은 현실에 안주하여 머무르길 원한다. 그러다보니 새로운 것을 받아들이는 것을 두렵게 생각한다.

_김옥림

늘 새로운 눈으로
세상을 바라보기

남다른 통찰력과 판단력을 지닌 사람은
사물에 지배당하지 않고
스스로 사물을 다스린다.

또한 사람을 만나면
넓은 이해심을 바탕으로
그의 실체를 파악해내며
꼼꼼한 판단력으로
그의 감춰진 내면을 읽어낸다.

무엇을 바라보든 예리하게 주시하고
철저하게 파악하는 그의 결정은
언제나 올바를 수밖에 없다.

고정관념과 선입견으로 똘똘 뭉친 눈이 아닌,
늘 새롭고 맑은 눈으로
세상을 바라보고 이해하기 때문이다.

_발타자르 그라시안

나는
살고 싶었다

나는 살고 싶었다.
나는 새롭게 나를 시작하고 싶었다.
아니, 시작해야겠다고 굳게 마음먹었다.
그렇게 마음을 고쳐먹자 모든 것이 달라보였다.
조금 전까지 우울하고 쓸쓸하고 외롭던 내 마음은 눈 녹듯 사라지
고, 새로운 모습으로 다가왔다.

"그래, 흐르는 강물처럼 나를 살자. 흐르면서 온갖 생물들을 품어
주는 강물처럼 살자. 인생은 짧다. 단 한번 뿐이다. 과거에 매여 지
금의 나를 소멸하지 말자. 새로운 눈으로 새로운 마음으로 새로운
나를 살자. 그리고 내가 만나는 사람들과의 인연을 소중히 여기며
사랑하고 살자."

나는 이렇게 기도를 하며 또다시 흐르는 강물을 바라보았다.
나는 그 날 이후 열심히 나를 살고 있다.
그리고 더욱 열심히 나를 살아갈 것이다.

_김옥림

오늘만은
이렇게 살자

1. 오늘만은 행복하게 지내자.

진정한 행복은 내부에 존재한다. 그것은 외부에서 오지 않는다.

2. 오늘만은 자신을 사물에 적응시켜라.

사물을 자기가 원하는 대로만 지배해서는 안 된다. 가족, 일, 운을 있는 그대로 받아들여 자기를 거기에 적응시켜라.

3. 오늘만은 몸을 조심하라.

적당히 운동을 하고 영양을 섭취하라. 몸을 혹사시키거나 함부로 하지 마라. 그러면 몸은 내 명령에 따르는 완전한 일체가 될 것이다.

4. 오늘만은 내 마음대로 강하게 하라.

자기에게 이로운 것을 배워라. 정신적인 게으름뱅이가 되지 마라. 노력과 집중력을 길러주는 책을 읽어라.

5. 오늘만은 세 가지 방법으로 영혼을 움직여라.

남이 알아차리지 못하게 선한 일을 행하라. 윌리엄제임스가 말한 것처럼 수양을 위해 적어도 두 가지는 자신이 하고 싶은 것을 하라.

6. 오늘만은 유쾌한 태도를 취하라.

되도록 이면 기력이 왕성한 모습을 하고, 어울리는 옷을 입고, 조용히 말하고, 예의 바르게 행동하고, 아낌없이 남을 칭찬하라. 그리고 남을 비판하지 말며 그 어떤 약점도 지적하지 말고, 남을 훈계하거나 경고하지도 마라.

7. 오늘만은 오늘 하루를 위해 열심히 살아라.

인생의 모든 문제를 한꺼번에 처리하려고 하지 마라. 그 어떤 일도 단 한 번에 이루어지는 것은 그리 흔치않음을 기억하라.

8. 오늘만은 하루의 프로그램을 세워라.

시간마다 해야 할 일을 적어 두라. 그대로 다는 할 수 없을지라도 모르지만 해보라. 초조와 게으름을 제거할지도 모르는 일이니까.

9. 오늘만은 30분 동안 혼자서 조용히 쉴 수 있는 시간을 가져라.

그리하면 자신의 인생에 대한 올바른 인식을 할 수 있을 것이다.

10. 오늘만은 두려움을 갖지 마라.

행복해져라. 아름다운 것을 즐기고 사랑하라. 내가 사랑하는 것이 나를 사랑하고 있다고 믿고 두려움을 갖지 마라.

_시빌 F. 패트릭

지금과 다르게
살고 싶다면

지금과 다른 길로 가는 것은 또 다른 자기 창조다.
지금까지는 지금까지의 길이고,
지금부터는 새로운 변화를 쫓는 길이기 때문이다.

그러나 가보지 않은 길은
어둠의 길과 같아서 두려움을 느끼게 한다.
그런데 그것을 알면서도 그 길을 간다는 것은
용기 있는 일이다.

남들이 부러움을 사는 일은
평범한 가운데서 이루어진 것은 거의 없다.
남들이 하지 못하고 두려워하는 일을 했기 때문에
그 만큼 부러움을 사는 것이다.

자신을 지금과 다르게 살고 싶다면
자신을 새롭게 해야 한다.
그 새로움 속에서 자기창조가 실현되는 것이다.

_김옥림

새로운
자신을 발견하기

관광을 즐기는 사람들은 크게 두 가지 형태로 나눌 수 있는데 첫째
는 풍경을 바라보며 즐기는 것이고, 둘째는 즐기는 것에 그치지 않
고 본 것을 통해 새로운 생각을 하는 것이다.

첫째에 해당하는 사람들은 그저 보고 즐기는 유희적인 관광이라면
둘째에 해당하는 사람들은 새로운 의미를 발견함으로써 자신을 보
다 새롭게 가꾸는 창조적인 관광이라고 하겠다.

삶도 관광을 하는 거와 같다. 우리는 날마다 보고 듣고 느끼고 생
각하는 삶을 산다. 그런데 어떤 사람은 소모적인 삶을 살고, 어떤
사람은 생산적이고 창조적인 삶을 산다. 이 두 사람의 차이점은 지
금 당장은 잘 모르지만 시간이 흐름에 따라 놀라울 만큼 격차가 벌
어지게 된다.

그렇다면 어떤 유형의 사람이 되어야 할까.
당연히 보는 것만 즐기는 것이 아니라 본 것을 통해 새로운 자신을
발견하고 새로운 삶의 진로를 찾는 생산적인 길을 가야한다.

_김옥림

자유로운
사고를 길러라

새롭게 변화하기 위해서는 자유로운 사고가 절대적이다. 생각이 자유롭지 못하면 새로운 생각을 하거나 새롭게 변화하는데 걸림돌이 된다. 자유로운 사고를 기르기 위해서 어떻게 해야 할까?

첫째, 새 술은 새 부대에 담아야 한다는 것을 절대적 진리로 믿고 실행하라. 둘째, 지금이란 현실에 안주하지마라. 안주하는 순간 그대로 주저앉고 만다. 셋째, 새로운 생각을 찾기 위해서는 다양한 분야의 책을 읽고, 정보를 수집하고, 새로운 생각을 가진 사람들의 말을 귀담아 새겨라. 그리고 할 수만 있다면 그들과 교류하라.
넷째, 상상의 세계를 즐겨라. 상상의 세계는 비현실적이지만 지금 우리가 누리고 사는 문명의 혜택은 상상을 즐기는 사람들에 의해서이다. 그들은 상상의 즐김을 통해 새로운 문명을 만들어낸 것이다.

자유로운 사고는 하고 싶은 대로 하는 생각이 아니다. 자유로운 생각 속엔 싱싱한 변화의 에너지가 들어있다. 싱싱한 변화의 에너지가 지금을 바꾸고 변화를 유도하고 세상을 바꾸는 것이다.

_김옥림

꿈이 있는
사람

꿈이 있는 사람 얼굴엔 언제나 미소가 꽃처럼 피어있다. 눈은 초롱초롱 빛나고 생기 있는 모습은 보는 것만으로도 즐겁다. 꿈은 사람에게 에너지를 불어넣어준다. 그래서 꿈이 있는 사람은 활력이 넘치고 매사를 긍정적으로 생각하고 능동적으로 행동한다.

하지만 꿈이 없는 사람은 시들은 꽃처럼 생기가 없고 매사를 부정적으로 생각하고 행동은 언제나 수동적이다.

꿈이 있고 없고는 한 사람의 인생을 극과 극으로 벌려놓는다. 꿈이 있는 사람은 행복하게 살아가지만 꿈이 없는 사람은 삶을 불행이라고 여긴다.

여기서 분명히 해둬야 할 것이 있다. 그것은 열정이 함께 하는 꿈이라야 하는 것이다. 아무리 찬란하게 빛나는 꿈을 품고 있어도 그 꿈을 실현시키려는 열정이 없다면 그것은 진정한 꿈이라고 할 수 없다.

_김옥림

무엇이든 즐겁게 하는
10가지 원칙

1. 자신을 마치 아틀라스(그리스 신화에 나오는 거인) 인 것처럼 두 어깨에 하늘을 짊어지고 있다고 생각하지마라. 심한 긴장감을 가져서도 안 된다. 또 자신을 궁색하게 생각하지 마라.

2. 자신이 하는 일이 즐거워지도록 노력하라. 그렇게만 할 수 있다면 일이 힘든 것이 아니라 즐거운 것이 될 것이다. 따라서 그 일을 바꿀 필요가 없어질 것이다. 자신을 변화시켜라. 그렇게 하면 자신의 일이 새롭게 보일 것이다.

3. 사업 계획을 세워라. 그리고 계획을 실행에 옮겨라. 만일 사업의 방법이 체계적이지 못하다면 바쁘게만 생각될 것이다.

4. 모든 것을 한꺼번에 하려고 하지 말고 하나씩 하나씩 처리하라.

5. 자신이 하는 일이 쉬우냐 어려우냐 하는 것은 자신이 그 일을 어떻게 생각하느냐에 따라 결정된다. 그러므로 자신의 마음가짐을 바르게 가져야 한다. 일이란 어렵다고 생각하면 실제로 어려운 것이 되고 쉽다고 생각하면 실제로 쉬운 것이다.

6. 자신의 일에 정통해야 한다. 지식은 힘이다. 일은 바르게 하면

비교적 쉽게 된다.

7. 마음을 너그럽게 갖도록 노력하고 실행하라. 항상 홀가분한 마음으로 일을 대하라. 무리를 하거나 힘든 마음으로 해서는 안 된다. 아무런 고민도 하지 말고 밀고 나가라.

8. 오늘 할 수 있는 것을 내일로 미루지 않도록 자신을 단련시켜라. 정리되지 않은 일이 쌓이면 점점 일이 어려워진다. 오늘 할 일은 오늘 끝내라.

9. 자신의 일을 위해 기도하라. 그러면 효과적으로 마음에 여유를 갖게 될 것이다.

10. 눈에 보이지 않는 친구를 가까이 하라. 신은 우리 보다 우리의 일을 더 잘 알고 있다. 어려운 일이 있을 때 신께 기도하라. 그리하면 홀가분한 마음으로 일을 할 수 있을 것이다.

_노만 V. 피일

남과 다른
길을 가라

남의 것을 흉내 내고 쫓아가는 사람은 늘 남의 뒤만 졸졸 쫓아간
다.
하지만 자기만의 시각을 갖고 가는 사람은 자신의 길로만 간다.
물론 가다보면 포기하고 싶을 때도 있고, 내가 왜 스스로 생고생을
해야 하나, 하는 생각도 들 것이다.

그러나 그래도 가야 한다.
그것이 자신을 위하는 길이며 자신을 찾는 길이기 때문이다.
편히 갈 입장이면 좋지만 편히 갈 생각은 하지 마라.
편히 가는 길은 함정과 같아, 자신을 구렁텅이로 끌고 갈 수도 있
음을 유념하지 않으면 안 된다.

그것이 자신을 진정으로 위하는 길이다.

_김옥림

날마다 새로운
오늘을 살아가기

프랑스 소설가 마르셀 프루스트는 "진정 무엇인가를 발견하는 여행은 새로운 풍경을 바라보는 것이 아니라 새로운 눈을 가지는 데 있다."고 말했다. 이는 구경으로만 끝날 것이 아니라 새로움을 끌어낼 때 진정한 여행의 가치가 있음을 말한다. 새로움은 변화의 '핵심주체'이다. 새로움은 변화를 통하지 않고는 의미가 없다. 변화를 통해서만이 새로움의 가치는 나타나는 것이다. 변화의 중요성에 대해 미국의 기업가인 레이노다는 "변화를 받아들이면 생존자가 되지만, 변화를 거부하면 죽음을 맞게 될 뿐이다."라고 역설하였다.

자신이 새로워지기 위해서는 잭 웰치, 어바인라빈스, 자하 하디드가 그랬듯이 전력을 다해 새로움을 추구해야한다. 새로움을 추구하기위해서는 첫째, 변화에 대한 두려움을 버려야한다. 둘째, 선각자의 눈을 갖기 위해 늘 공부하며 실력을 길러야한다. 셋째, 항상 성공한 자신을 그리며 열정을 바쳐야한다.

"행동은 말보다 강하다."는 데일카네기의 말처럼 이를 가슴 깊이 새겨 철저하게 실행에 옮기고, 끝까지 최선을 다할 때 새로움을 추구함으로써 원하는 삶을 얻게 될 것이다.

_김옥림

처음
가는 길

처음.

처음이란 낱말엔 신선함, 새로움, 기대감의 의미가 담겨있다. 이 세상에 처음이란 관문 없이 이루어진 것은 없다. 그 어떤 것도 처음이란 관문을 열고 시작되었다. 그런데 많은 사람들은 처음의 과정을 무시하고 충만한 결과만을 기다린다. 노력 없이 성과만을 얻고자하는 어리석음으로 가득 찼다는 말이다. 자신이 진정 만족한 결과를 얻고자 한다면 그만큼의 노력을 기울여라. 그저 얻어지는 삶은 뿌리 없는 나무와 같아 행복의 진정성을 느낄 수 없다. 아니 느낀다고 해도 곧 식상해 질 것이다.

처음 시작을 두려워하는 사람들도 많은 것 같다. 낯설음에서 오는 강박관념 때문인데, 가만히 생각해 보라. 우리가 처음 가는 길도 이미 누군가 지나간 길이다. 다만 내가 이제 가는 것뿐이다. 처음 가는 길은 누구나 두려움을 갖기 마련이다. 두려움을 가지면서도 그 길을 간다. 그리고 마침내 자신의 길을 완성했던 것이다.

처음 가는 길을 당당하게 가자. 죽음에 이르는 길도 전생을 끌고 간이들도 있음을 기억하자.
길은 걸어가는 자를 위해 있는 것이다.

_김옥림

문제를 명쾌하게
해결하는 10가지

1. 어떤 문제도 반드시 해결 될 수 있다는 굳은 신념을 가져라.
2. 고요한 마음으로 묵상하며 최대한 평안한 마음을 가져라.
3. 무리하게 문제를 해결하려고 하지마라. 순리를 따라 차근차근 해결하라. 문제 뒤엔 항상 답이 있는 법이다.
4. 주관적인 편견을 버리고 한 발 떨어져서 객관적으로 문제점을 바라보라. 처음엔 희미하나 또렷하게 보이게 될 것이다.
5. 문제점을 메모지에 하나씩 적어보라. 그리하면 좀 더 생각이 분명하게 될 것이다.
6. 문제점에 대해 기도하라. 기도를 하면 안 보이던 길이 보일 것이다.
7. 인생의 선배나 스승에게 지혜를 구하라. 사람 사는 법은 누구나 같다. 지혜를 구하는 것도 문제해결에 한 방편이다.
8. 책을 읽어라. 책 속에 수많은 해답이 숨어 있다.
9. 낯선 곳으로 여행을 하라. 새로운 기분을 전환시키는 것도 문제점을 해결하는 좋은 방법이다.
10. 현실에서 피하지 말고 적극적으로 대응하는 자세를 가져라. 적극적이고 능동적인 자세야말로 문제 해결에 최 정점이 될 것이다.

_노만 V. 피일

인생의 문제를
해결하는 10가지 지혜

1. 어떤 문제라도 반드시 해결 할 수 있다는 신념을 가져라.

2. 마음을 고요히 하라. 긴장하면 사고력이 둔해진다. 그리고 그 압박감으로 두뇌가 정상적으로 작동하지 못한다. 최대한 편안한 마음으로 문제에 대처하라.

3. 무리하게 문제를 해결하려고 해선 안 된다. 자연히 해결책이 나와 명확하게 될 때까지 마음을 너그럽게 가져야한다.

4. 공평하고 객관적으로 모든 사실을 받아들이는 자세를 길러라.

5. 이상이 있다면 그 사실을 종이에 차근차근 적어보라. 그러면 모든 요소가 바르게 정돈되고 생각이 분명해질 것이다. 우리는 생각하는 동시에 볼 수도 있게 된다. 그러면 문제를 주관적이 아니라 객관적으로 생각하게 된다.

6. 문제가 발생하면 차분하게 기도하라. 명상을 함으로써 냉정하게 문제를 들여다보는 방법을 구하라.

7. 신의 인도를 따라 문제를 해결하는 자세를 가져라. 그러면 지혜를 얻어 그 길을 찾게 될 것이다.

8. 직관력을 기르고 통찰력을 길러라.

9. 겸손한 마음으로 그리고 창조적으로 잠재의식을 적용시켜라.

10. 만일 이러한 방법을 충실히 이행할 수 있다면 우리 마음속에서 전개되는 해결책은 반드시 우리문제에 대해 올바른 해결책이 될 것이다.

_김옥림

성장은 하는 만큼
이루어진다

성장이란
서서히 진행되는 과정이며
돌발적으로 비약하는 것이 아니다.

갑자기 발생하는 사상적 충동으로는
고학의 전 영역을 알 수 없다.

또 즉흥적인 참회로는 죄악을 극복할 수 없다.
정신적 성장을 꾀하려면
성인의 가르침을 받고,
끊임없이 인내하고
노력하는 수밖에 없는 것이다.

_채이닝

새 포도주는
새 부대에 넣어라

새 포도주는 새 부대에 넣으라는 것은 변화된 삶을 살라는 것이다. 새해가 되면 많은 사람들이 해돋이를 보기 위해 길게 꼬리를 이어 경쟁적으로 정동진으로 달려간다. 그것은 새해에 하는 일 마다 잘 되게 하고, 가족의 안녕과 행복을 기도하기 위해서다. 그런데 며칠만 지나면 언제 그랬느냐는 듯 본래의 생활로 되돌아온다.

"새해가 되었으니 이제부턴 좀 더 달라져야지."

하고 결심한 것들이 봄 햇살에 눈 녹듯 사라지는 것이다. 이런 마음으로는 새로운 내가 될 수 없다.

우리가 사는 세계는 하루가 다르게 변한다. 오늘의 새로운 것은 내일이면 낡은 것이 되고 만다. 급물살을 탄 듯 빠르게 지나가는 게 요즘의 삶이다. 그런데 그런 변화를 따라가지 못하면 처지게 되어, 나중엔 낙오자가 될게 빤하다. 낙오자가 되지 않기 위해서는 늘 새로운 지식, 새로운 마음, 새로운 생각을 길러야 한다.

_김옥림

자신의 상황을
받아들이는 사람

절벽 가까이
나를 부르셔서 다가갔다.

절벽 끝에 더 가까이
오라고 하셔서 다가갔다.

그랬더니 절벽에
겨우 발을 붙이고 서 있는 나를
절벽 아래로 밀어버리는 것이었다.

물론,
나는 그 절벽 아래로 떨어졌다.

그런데 나는 그때까지
내가 날 수 있다는 사실을 몰랐다.

_로버트 H. 슐러

자신 만의
생각을 가져라

당신,
자신의 생각을 가져라.

결코 남의 흉내를 내지마라.

당신의 타고난 재능을
그동안 쌓아온 능력과 함께 발휘해보라.

다른 사람의 재능을 따라 하는 것은
일시적인 것일 뿐이다.

각자가 어떤 능력을 발휘할 수 있을지는
오직,
자신만이 알고 있다.

_랠프 왈도 에머슨

마음의
참모습 기르기

고요한 곳에서
고요한 마음을 지키는 것은
참다운 고요함이 아니다.

소란한 가운데서
고요함을 지켜야만
심성의 참 경지를 얻으리라.

즐거운 가운데서
즐거운 마음을 지니는 것은
참다운 즐거움이 아니다.

괴로운 곳에서
즐거운 마음을 얻어야만
마음의 참모습을 볼 것이다.

_명심보감

마음의 허기를
달래는 지혜

우리에게 영양분을 주는 것은 음식만이 아니다. 음식은 허기를 가라앉히고 에너지를 채워주지만 진정 우리를 성장하게 하는 것은 음식을 만드는 사람의 마음과 사랑이다.

먹을 때마다 느껴지는 진심 어린 사랑은 그 음식을 단순한 영양 성분과 칼로리를 초월하게 한다. 살면서 맺는 여러 관계와 우리가 경험하는 모든 좋은 감정들도 우리의 성장에 필수적인 자양분이 된다.

정신적인 자양분과 더불어 성장에 필요한 것은 애정 어린 신체적 접촉이다. 신체적인 접촉과 사랑도 필수 비타민과 미네랄처럼 생존을 위한 필수 요소로 지정하고 음식 피라미드의 일부에 포함시켜야 한다.

그것이 부족하면 우리 몸에 들어오는 음식은 신진대사에 도움이 되지 않는다. 각자에게 필요한 음식은 저마다 다르다. 당신에게 필요한 특별한 자양분을 찾아 골고루 섭취하라.

_바바라 골든

성인聖人

성인은
자기 자신의 감정을
갖고 있지 않다.

타인의 감정이
곧 그의 감정인 것이다.

그는 선행에는 선으로 대하며
악행에도 선으로 대한다.

그는 믿음이 있는 자에게는
믿음으로 대하고,
믿음이 없는 자에게도
믿음으로 대한다.

성인은 이 세상에 살며
사람들과의 관계에 마음을 쓴다.
그는 모든 사람들을 위해 생각한다.
그런 이유로 모든 사람들의
마음과 눈이 그에게 집중되는 것이다.

_노자

육체의 주인,
마음을 수련하기

육체의 주인은 마음이다.
육체를 통해 마음은 정서와 감정,
욕망의 사고를 표현한다.

사랑과 미움,
쾌락과 고통은 마음에서 생겨나며
다시 마음에 물들게 된다.

우리는 깊은 잠에 빠졌을 때나,
기절했을 때는 희로애락을 인식하지 못한다.

희로애락이 참된 깨달음에 속한 기능이라면
깊은 잠과 기절한 상태에서도 존재하고
참된 깨달음처럼 작용을 계속 했을 것이다.

수련으로 마음이 맑고 밝아지면
초의식으로 변화된다.
순수한 초의식의 상태에서
마음이 만들어 내는 그림자의 세계는 사라진다.

_바바하리다스

마음
비우기

힘은
평화로운 마음에서 생긴다.

평화로 가득 찬 마음을 얻으려면
무엇보다도 마음을 텅 비워야한다.

당신의 마음속에서 두려움과 미움,
불안, 후회, 미련, 죄의식 등을
깨끗이 비워내는 일을 어김없이 실행해야한다.

당신이 당신의 마음을 의식적으로
비우려고 애쓰고 있다는
그 사실 자체만으로도
당신의 마음은 잠시 동안이나마
휴식을 얻게 될 것이다.

_노먼 V. 필

지친 마음을 충전하는
나만의 공간 만들기

우리는 휴식을 취하고 자신을 새롭게 하고 싶을 때 머무를 성역이 필요하다. 누군가 사방이 흰 방안에서 아무런 외부의 자극 없이 평온한 마음을 느낀다면 그 공간은 성역으로 적합한 것이다. 성역 안에서는 온전히 쉴 수 있고 아무 방해도 받지 않고 내면의 흐름에 집중할 수 있다.

성역은 어디에나 만들 수 있다. 문을 닫고 기분 좋은 향기와 소리, 풍경과 접하면 된다. 좋아하는 그림이 걸린 작은 방에서 마음을 안정시키는 향초를 켜고 조용한 음악을 틀어놓아도 좋다.

가끔은 자신만의 성역에 들어가 스스로에게 조용한 시간을 선물하라. 그 때는 전화기를 끄고 모든 가전제품과 라디오, TV로부터 등을 돌려야 한다. 마음의 안테나를 모두 끄고 평화를 느껴보면 당신은 조용히 깨달음을 얻을 것이다.

_바바라 골든

마음을
깨우기

깨어 있는 마음을 수행해야한다.
한 잔의 물을 마시면서
자신이 물을 마시고 있음을 알 때
거기 깨어 있는 마음이 있다.

앉아 있고, 걷고, 서 있고, 호흡하면서
자신이 앉아 있고. 걷고, 서 있고,
호흡한다는 것을 자각할 때
우리는 우리 안에서 깨어 있는
마음의 씨앗을 느낀다.

그리고 며칠 후 우리의 깨어 있는 마음은
더욱 강해질 것이다.

깨어 있는 마음은 우리의 길을 밝혀주는 등불이다.
그것은 우리들 각자의 내면에 있는 살아있는 붓다다.

깨어 있는 마음은 통찰력과 자각,
자비와 사랑을 낳는다.

_틱낫한

누구를
만나든

언제나 내가 누구를 만나든
자신을 가장 낮은 존재로 여기며,
마음 속 깊은 곳으로부터
그들을 더 나은 자로 받들게 하소서.

그늘진 마음과 고통에 억눌린
버림받은 외로운 자들을 볼 때,
나는 마치 금은보화를 발견한 듯이
그들을 소중히 여기게 하소서.

누군가 시기하는 마음 때문에
나를 욕하고 비난하며 부당하게 대할 때
나는 스스로 패배를 떠맡으며
승리는 그들의 것이 되게 하소서.

_티벳 명상시

마음과 마음을
따뜻이 하라

겨울이 왔다.
나무들은 온기를 얻기 위해 서로 모여 있다.

가지들은 엉켜
서로를 어루만지며
진정한 본성에 따라 살며
하나의 가족이 된다.

겨울이 왔다.
사람들의 집은 어둡다.
고립되어 있고 외롭다.
사람들은 손을 뻗지 않는다.

눈을 감은 채로
빛을 내지도, 보지도, 만지지도 않는다.
냉정하고 부자연스럽다.

_바바라 골든

마음속에서
일어나는 것들

상상하지 않고 보는 법과
왜곡하지 않고 듣는 법을 배워라.
그것이면 충분하다.

본질적으로 이름도 없고 형태도 없는 것에
이름과 형태를 붙이려하지 마라.

모든 의식은 주관적이라는 것,
보거나 듣거나 만지거나 냄새 맡는 것,
느끼거나 생각하는 것,
기대하고 상상하는 것,
모두가 자신 마음속에서 일어나는 것이며
실재 속에 있는 것은 아니라는 것을 깨달아야한다.

그러면 당신은 평화를 얻을 것이며
두려움으로부터 해방될 것이다.

_바바하리다스

마음의 열매를
수확하기

우리가 일상적으로 사용하는 말은 생각보다 훨씬 깊은 의미를 갖는다. '열매' 라는 단어는 식물이 자라 열리는 결과물을 뜻하지만 우리가 쏟는 노력의 대가로 해석되기도 한다.

또한 '생산' 이라는 말도 필요한 물건을 만들어낸다는 의미지만 보이지 않는 가치를 창조해낼 때도 쓰인다.
하지만 당신의 마음속에는 이런 단어를 떠 올릴 때 정작 당신은 얼마나 깊게 의미를 해석하는가?
지금 당신의 마음속에는 열매를 위한 생산의 과정이 일어나고 있는가?

노력의 열매를 수확할 수 있는 자신만의 방법을 찾고, 그 방법을 통해 자신과 세상을 풍성하게 하라. 마음의 열매를 수확할 때 느끼는 충만감은 밥을 먹어서 배가 부른 것과는 비교도 안 될 만큼 커다란 만족감을 안겨 줄 것이다.

_바바라 골든

가슴으로
느끼기

태양을 바라보고 살아라.
그대의 그림자를 못 보리라.
고개를 숙이지 마라.
머리를 언제나 높이 두라.
세상을 똑바로 정면으로 바라보라.
나는 눈과 귀와 혀를 빼앗겼지만
내 영혼은 잃지 않았기에
그 모든 것을 가진 것이나 마찬가지이다.

고통의 뒷맛이 없으면 진정한 쾌락도 거의 없다.
불구자라 할지라도 노력하면 된다.
아름다움은 내부의 생명으로부터 나오는 빛이다.
그대가 정말 불행할 때
세상에서 그대가 해야 할 일이 있다는 것을 믿어라.
그대가 다른 사람의 고통을
덜어줄 수 있는 한 삶은 헛되지 않으리라.
세상에서 가장 아름답고 소중한 것은
보이거나 만져지지 않는다.
단지 가슴으로 느낄 수 있다.

_헬렌 켈러

있는 그대로
받아들이기

마음을 혼란시키는 내적 갈등의 대부분은 인생을 통제하고자 하는 욕망과 지금과는 다른 식으로 변해야 한다는 생각에서 비롯된다. 하지만 인생이 항상 자신이 원하는 방향으로만 흘러가는 것은 아니다. 실제로 그러한 경우는 무척 드문 게 현실이다.

인생이 어떠해야 한다고 미리 결정하는 그 순간부터 새로운 것을 즐기고, 배울 수 있는 기회와는 점점 멀어진다. 게다가 위대한 깨달음의 기회가 될지도 모르는 현실의 순간을 소중하게 생각하는 것조차 가로막는다.
아이들의 불평이나 배우자의 반대의견에 부정적으로 대응하기 보다는 마음을 열고 그 순간을 있는 그대로 받아들이자. 그들이 자신의 뜻대로 행동하지 않는다고 해서 화내는 것은 무슨 소용이 있겠는가.
일상생활의 어려움 속에서 마음을 여는 법을 터득한 사람에게는 자신을 괴롭혔던 많은 문제들이 더 이상 골치 아픈 존재가 아닌 것이다.

마음의 눈이 더욱 깊고 투명해진다. 인생의 전투가 될 수도 혹은 자신이 공 노릇을 하는 탁구 시합이 될 수도 있다. 하지만 순간에 충실하고 있는 그대로를 수용하고 만족한다면 따뜻하고 평화로운 감정이 찾아들기 시작할 것이다.

_리처드 칼슨

나를 보는
연습을 하자

마음은 다만 마음이지, '마음' 은 '나' 가 아니다.
마음을 멈추고 다만 나를 바라보라.

"무서워죽겠다."
"힘들어 죽겠다."
"미워 죽겠다."
'죽겠다' 라고 하는 것은 '마음' 이지 '나' 가 아니다.
날개가 달린 비둘기가 네발 달린 고양이에게 물려죽는다.
비둘기는 고양이와 눈이 마주치는 순간
그만 얼어붙어서 꼼짝을 하지 못한다.
비둘기를 죽게 하는 건
"무서워서 꼼짝할 수 없어." 라는 그 마음이다.

비둘기가 '마음' 을 두고 '나' 를 바라본다면 날아서 도망을 갈 수도
있을 텐데도 말이다. 그런 비둘기가 된 자살인구들이 교통사고로
죽는 사람들보다 많아진 시대다.
우리는 스스로 마음을 멈추고 나를 바라보는 연습이 필요할 때이
다. 멋지고, 용기 있고, 패기 있고, 아름다운 '나' 를 보는 연습을 해
보라.

_틱낫한

자신의 영혼을 탐구하고,
삶에 균형을 유지하라

1. 그대 자신의 영혼을 탐구하라.
다른 누구에게도 의지하지 말고
오직 그대 혼자의 힘으로 하라.
그대의 여정에 다른 이들이 끼어들지 못하게 하라.
이 길은 그대만의 길이며,
그대 혼자 가야할 길임을 명심하라.
비록 다른 이들과 함께 걸을 수 있으나,
다른 그 어느 누구도 그대가 선택한 길을
대신 가 줄 수 없음을 알라.

2. 삶에 균형을 유지하라.
몸, 마음, 정신, 영혼 어느 한 곳에도
치우침 없이 조화롭고 굳세고 건강해야한다.
단련된 육체는 마음을 강하게 하고,
풍요로운 의식은 마음의 상처를 치유한다.

_인디언 격언

양심은 자신의
유일한 증인이다

그대가 사랑받는 것처럼 남을 사랑하라.
또한 그대가 받는 것만큼 남에게도 베풀어라.
항상 자신을 낮추고 남을 이롭게 하라.
관용으로써 분노를 극복하라.
선으로써 악을 정복하라.

나 자신의 어리석은 생각, 그릇된 판단,
그리고 잘못을 범하기 쉬운 나쁜 습관을 버려라.
해야 할 일을 하고 감당해야 할 일을 감당하라.
양심은 자신의 유일한 증인이다.

_톨스토이

고요하게
자신과 마주하기

나.
나는 느낀다.
나는 살아 있음을 느낀다.
나는 심장이 뛰는 것을 느낀다.
나는 내 인생과 육체가 리듬에 맞춰 춤추는 것을 느낀다.
나는 심장이 뛰는 것을 느낀다.
나는 내 마음을 느낀다.
나는 인생을 느낀다.
나는 살아 있다.
나는 느낀다.
나.

_바바라 골든

불쾌한 기억을
불러들이지 마라

마음을 평온하게 가지려면
불쾌한 기억을 머릿속에 불러들이지 마라.

시궁창이 있는 곳을 피해 가듯이
불쾌한 기억은 피해 버려야 한다.

기분 나빴던 일을 언제까지나
머릿속에서 꾸역꾸역
생각하는 것은 가장 나쁘다.

사람은 현재가 불행한 것이 아니라
불쾌하고 슬픈 기억 때문에 불행한 것이다.

그러한 기억에서 떠난다면
오늘의 하루는 그것대로 즐거운 것이다.

_아우구스티누스

기쁘고 명랑한
마음 갖기

모진 비바람이 불 때면
날짐승들도
근심하고 무서워 떤다.

반대로 날씨가 청명하고
바람이 향기로우면
초목도 생기가 돌고 기뻐한다.

천지에 하루라도 화기和氣가 없으면
생존에 지장이 있거늘,
하물며 인간이야 더 말할 것이 있으랴.

사람의 마음에도 하루인들 기쁘고,
명랑함이 없어선 안 될 것이다.

_채근담

마음을 씻는
다는 것은

사람의 마음을 씻는 것은

몸을 씻는 것과 같다.

하루 사이에 예전에 물들었던

더러운 것을 씻고

새로운 것을 얻거든,

그 새로운 것을 가지고

날마다 새롭게 하고

또 날마다 새롭게 하라.

_대학

선과
악

천하의 도가 둘인데
그것은
선과 악이다.

그런데 착한 사람이라도
물욕에 마음이 잠기어
참다운 일을 하지 아니하면
악한 사람이 되는 것이며,

또한 착한 일을 좋아하지 아니하고
악한 것을 미워하지 아니하면
결국에는 악한 것을 버리게 된다.

_대학

산다는 것에 대해
실망하지 마라

산다는 것이
귀찮다고 실망하지 마라.

모든 사람들이
어깨에 짊어지고 있는
온 세상에 대한 무거운 짐이,
그 사람들에게
스스로의 사명을 완수하도록
강요하는 것이다.

이 짐에서 벗어나는
오직 하나의 길은
자기의 사명을 완수하는데 있다.

당신에게 지워진 일을
완수했을 때에만
그 무거운 짐은 없어 질 것이다.

_랠프 왈도 에머슨

불행한
사람

사람이

잘 지껄일 수 있는

재간을 갖지 못하면

침묵을 지킬 줄 아는

자각이라도 있어야 한다.

만약 두 가지를

다 가지고 있지 않다면

그 사람은 불행한 사람이다.

_라 브뤼에르

물 같이
행동하라

무엇보다도
물같이 행동하는 것이 필요하다.

방해물이 없으면 물은 흐른다.
둑이 있으면 머무른다.
둑을 치우면 또 흐르기 시작한다.

물은
이 같은
성질이 있기 때문에
가장 필요하며, 가장 힘이 강하다.

_노자

마음을 가다듬고
풀어버리기

마음이 어둡고 산란한 때엔

가다듬을 줄 알아야 하고,

마음이 긴장하고 딱딱할 때는

풀어 버릴 줄 알아야 한다.

그렇지 못 하면

어두운 마음을 고칠지라도

흔들리는 마음에 다시 병들기 쉽다.

_채근담

자신을 닦고
수양하라

남보다 뛰어나려면
아직 남이 손대지 못한 일을
시작하는 데 있다.

그러나
그런 일은 하루아침에
조급히 이루려고 해서는 안 된다.

지긋이 자신을 닦고,
수양을 쌓은 뒤에야 되는 것이다.

_동양명언

사람의 가치
평가기준

사람의 가치는
그
사람이 한평생을 두고 얻은
평판에 따라
평가되는 것이 아니라,

죽은 뒤에 남긴
흔적이 얼마만한 가치를
지니고 있느냐에 따라
평가된다.

_브란슈뷔크

만족하게
처세 하는 길

이 세상에 만족하게
처세하는 길은
정직이나
조금도 구부러지지 않은 길이다.

어디까지나 바르고
꼿꼿한 마음을 간직하여 나아가는 것이
당연한 일일 것이다.

허위의 행동을 할수록 화를 당하여
죽는 데까지 이르는 것이니,
삼가 허위의 행동을
자행하는 일이 없도록 할 것이다.

_공자

흥분은 이성을
마비시킨다

사람이 흥분하면
보아도
잘못 보는 법이다.

그러므로 분할 때라도
마음을 한층 가라앉혀야 한다.

또,
사람이 흥분하면
들어도 들리지 않는 법이다.

그러므로
불쾌한 소리를 들었을 때일수록
한 귀로는 흘려버려야 한다.

_채근담

인생에 있어 운명이란 무엇인가

인생에 있어서의 운명이란
물 위에 있는 어부와 같다.

악착스레 살려는 인간들 틈으로
미끼가 달린 낚시 바늘을 던져본다.

그러면 사람들을 잘 살피지도 않고
탐욕스런 입으로
미끼를 덥석 먹어버린다.

그 순간 운명은
휙 낚싯대를 걷어 올리는 것이다.

그 순간 그 낚시에 걸린 인간은
땅 위에 뒹굴고 발버둥 친다.

_막심 고리끼

배움과 책,
이상과 지혜의 말

지성을
갖춰라

젊을 때 쌓은 지성은
노년기의 악을
미리 예방하는 것과 같다.

만일,
당신이 지성을 갖추는 것이
노년기를 위한 양식을 미리
준비해 두는 것으로 이해한다면

당신이 늙었을 때
영양 결핍이 되지 않기 위해서
당신은 젊었을 때
미리 대비하고 준비해야 한다.

_레오나르도 다빈치

학문의
목적

"학문의 목적은 음식이 활력을 주고 기력을 돋우는 피가 되듯 배운 지식을 자신의 사상으로 만드는데 있다."

학문의 목적은 여러 가지로 규정지을 수 있지만, 제임스 브라이스는 학문의 목적을 배운 지식으로 자신의 사상을 만드는데 있다고 역설하였다. 자신의 사상을 갖는다는 것, 그것은 지성을 쌓아야 맺게 되는 결실이다.

지성의 유무에 따라 삶을 대처하는 방법에 큰 차이가 난다. 지성인은 같은 일을 겪어도 슬기롭게 판단하고 대비한다. 배움을 통해 나름대로의 해결 방안을 터득했기 때문이다. 하지만 지성을 갖추지 못한 사람은 우왕좌왕하며 갈피를 잡지 못한다. 일을 해결하는 능력이 부족한 까닭이다.

이렇듯 학문의 목적은 자신이 배운 것을 통해 삶을 지혜롭고 현명하게 살아가게 하는 힘을 기르는 것이다.

_김옥림

진정한
학문

진정한 학문이란
우리사회에 깔려 있는
쓰레기더미와 같은 고정관념을
깨는 것을 탐구하는 것이다.

그런데 고정된 생각,
고정된 마음을 갖고 있는
교사나 교수들이 있는 한
고정관념은 좀처럼 깨지지 않을 것이다.

학문을 가르치는
사람들의 생각이 변해야 하고
마인드를 새롭게 확 바꾸어야 한다.

_김옥림

배움을
깊이하기

배움이 깊어짐에 따라
우리는 다양한 가능성과 가치를
깊이 있게 터득하게 된다.

그렇기 때문에
바르게 배운 사람일수록
자신만이 옳다고 생각하지 않는다.

배움이 깊을수록
완고해 지지 않는 것이다.

달리 말해,
완고한 사람이란
제대로 배우지 못한 사람이다.

_논어

많이 아는 자가 이긴다

'아는 것이 힘이다.' 라는 말이 있다. 많이 알면 어느 누구를 만나도 자신감이 넘친다. 또 무슨 일을 한다고 해도 전혀 두렵지가 않다. 많이 알면 어떤 상황에서도 자신을 극복할 수 있는 지혜가 번뜩이기 때문이다. 배움의 소중한 의미를 잘 알게 하는 이야기이다.

어떤 사람이 있었다. 그는 너무도 가난하여 학교를 다닐 수가 없었다. 돈을 벌 땐 간간히 배우기도 했지만, 돈을 벌지 못할 땐 배울 수가 없어 가슴이 너무도 답답했다. 그는 곰곰이 생각하다 밤에 학교지붕으로 올라갔다. 야간에 진행하는 수업을 듣기 위해서였다. 굴뚝에 귀를 대고 있으니 선생님의 목소리가 들려왔다. 그는 꼼짝도 안 하고 선생님이 하는 말을 귀담아 들었다. 그러다 깜빡 잠이 들고 말았다. 그가 자는 동안 눈이 내렸다. 다음 날 아침 수업이 시작되었는데 교실이 캄캄해서 교실천장을 올려다보니 빛이 들어오는 창문이 사람으로 가려져 있었다. 놀란 선생님은 그를 따뜻하게 하여 그가 기운을 차리자 지붕에서 잔 연유를 물었다. 그가 공부가 너무 하고 싶어서라고 말하자 선생님은 크게 감동하여 그 날부터 수업료 없이 공부를 하게 해주었다. 그는 열심히 공부하여 랍비가 되었는데 유대인을 대표하는 세 명의 랍비 중 한 사람인 힐렐이다.

이 이야기는 배움의 소중함을 잘 알게 한다. 배움은 이처럼 간절한 마음으로 할 때 더욱 가치가 있는 법이다.

_김옥림

배움의 목적

배움의 목적은
사람이 지갑에
돈을 간직하고 있는 것과 같이
지식을 가지고 있는데 있는 것이 아니라,
지식을 우리 자신의 몸에
스며들게 하는 데 있다.

먹는 식량이 활력을 주고
힘을 돋우는 혈액이 되는 것처럼
배운 지식을
자신의 사상으로 만드는데 있다.

_제임스 브라이스

바람직한 지식을 갖춘
현명한 사람이 되기

분별력이 있는 사람은 우아하고,
품위 있는 독서로 자신을 무장한다.
또한 시대를 풍미하는
모든 것에 대해 폭넓은 지식을 갖춘다.
다만 평범한 방식이 아닌 비범한 방식을 취한다.

현명한 사람들은 이런 준비를 통해
적절할 때에 기지와 지혜를 발휘한다.

예컨대 주변 사람의 단점을 무턱대고
비난하기보다는 재치 있는 말 한 마디로
상대에게 훌륭한 지혜를 전달하는 식이다.

이는 엄숙한 교훈보다 이해하기도 쉽고,
상대의 기분을 상하게 하지 않기 때문에
많은 사람들에게 실질적인 도움을 준다.

때로는 이런 상식이 대학에서 가르치는
학문보다 더 도움이 되기도 한다.

_발타자르 그라시안

지식의
가치

지식의 가장 큰 가치는
다른 사람에게
그것을 전할 수 있는 동시에
그 사람이 그것을 확인하고
지킬 수 있다는 점에 있다고 할 것이다.

오직,
그렇게 할 수 있을 때에만
그것은 무한한
중요성을 지니게 된다.

_쇼펜하우어

행동하는
지식

무언가를 배우면,
그것을 실제로 행해 봄으로써
그 이치를 깨닫기 전까지
다른 공부를
시작하지 않는 사람이 있다.

그는
실천 없이 지식만 집어넣는 것은
단순히 지식욕을 만족시키는 놀이로
전락할 수 있음을 아는 사람이다.

_논어

잘 살아가는 데
필요한 토대

주어진 임무나 약속을 잘 이해하고
꾸준히 지키기 위해서는 충분한
이해력과 기억력이 필요하다.

이해력과 기억력은
단련하여 획득할 수 있는 지성의 일부다.

또한 상대에 대하여
혹은 멀리 있는 누군가에 대하여
동정심을 갖기 위해서는 충분한 상상력이 필요하다.
상상력 또한 훌륭한 지성의 일부다.

인간적인 윤리나 도덕이라는 것은
이런 식으로 지성과 강하게 결부되어 있다.
그리고 지식이 없는 지성이라는 것은 있을 수 없다.
그러므로 아무런 도움이 되지 않는 듯
보이는 지금의 공부 하나하나가
잘 살아가는 데 필요한 토대가 된다고 할 수 있다.

_프리드리히 니체

지식습득을 위해
힘써 노력하라

지식이란 금전과도 같다.
만약 구슬땀을 흘려 재물을 얻었다면
충분히 자랑할 만하다.

비록 푼돈이라 해도
정직한 노동의 대가로 얻은 것이라면
그 또한 자랑할 가치가 있다.

그러나 아무 일도 하지 않고
길 가는 사람이 던져준 동전을 받은 것처럼
얻어진 지식이라면 무슨 자랑거리가 될까.

_러스킨

진정한 앎이란 내가
몸소 직접 체험한 것이다

사람은 누구를 막론하고
자기 자신 안에 하나의 세계를 가지고 있다.
그것은 아득한 과거의 영원한 미래를
함께 지니고 있는 신비로운 세계다.

홀로 있지 않더라도 사람은 누구나 그 마음의 밑바닥에서는 고독
한 존재다. 그 고독과 신비로운 세계가 하나가 되도록 거듭거듭 안
으로 살피라.
무엇이든지 많이 알려고 하지마라.
책에 너무 의존하지 마라.
성인의 가르침이라 할지라도
종교적인 이론은 공허한 것이다.
그것은 내게 있어서 진정한 앎이 될 수 없다.
남한테서 빌린 것에 지나지 않는다.

내가 겪은 것이 아니고 내가 알아차린 것이 아니다.
남이 겪어 말해 놓은 것을 내가 아는 체할 뿐이다.
진정한 앎이란 내가 몸소 직접 체험한 것,
이것만이 참으로 내 것이 될 수 있고 나를 형성한다.

_법정

독서에는
때가 없다

독서삼여讀書三餘라는 말이 있다. 이는 독서하기 좋은 세 가지 때를 이르는 말이다. 이 말을 한 이는 후한말기 헌제 때 동우라는 학자다. 그가 말하는 독서하기 좋은 때는 첫째는 비오는 날이다. 비오는 날은 농사를 지을 수 없으니 책읽기에 제격이다. 둘째는 밤이다. 밤은 낮보다 조용해 책읽기에는 아주 좋다. 셋째는 농한기이다. 농사를 쉬는 겨울은 책 읽기에 좋은 계절이다.

동우는 가난한 집에서 태어났지만 책 읽는 것을 무척이나 좋아했다. 그의 손에는 언제나 책이 들려져 있어 언제 어디서나 책을 즐겨 읽었다. 책을 읽는 만큼 그의 학문은 일취월장하였다. 그의 지식은 하늘처럼 높고 바다보다 깊다는 소문이 자자했다. 소문은 날개를 달고 황제가 사는 궁까지 날아갔다.
소문을 들은 헌제는 동우를 궁으로 불러들였다. 그리고 자신의 글 선생으로 삼고 황문시랑이라는 벼슬을 내렸다.
동우는 과거를 보지 않고도 벼슬길에 올랐던 것이다. 그 모두는 책을 많이 읽은 덕분이었다.
'책은 인간을 만들고, 인간은 책을 만든다.' 라는 말이 있다. 그렇다. 책은 인간을 인간답게 만들고, 인간은 인간을 이롭게 하는 책을 만든다. 이렇듯 인간과 책은 공존함으로써 삶을 풍요롭게 하고 가치 있는 인생이 되게 한다.

_김옥림

바람직한
독서의 자세

독서를 하는데 있어

입으로만 읽고

마음으로 느끼지 아니하며,

몸으로 행하지 않으면

그 글은

다만 글자에 지나지 않는다.

_율곡 이이

독서의 기쁨
두 가지

독서의 목적에는 두 가지가 있다.

하나는
즐겁게 기분 전환을 하기 위한 독서,

다른 하나는
지식과 교양을 얻기 위한 독서이다.

같은 독서지만
이 둘을 통해 얻을 수 있는 기쁨은 다르다.

전자는 책을 읽는 동안 기쁨이 있고,
후자는 독서가 끝난 뒤에 기쁨이 있다.

_괴테

힘써
배우기

청춘은 다시

돌아오지 않고

하루에 새벽은 한 번 뿐이니

좋은 시절에

힘써 부지런히 배우라.

세월은 사람을

기다려주지 않는다.

_도연명

진정한 배움의 가치는
배운 것을 나누는 것이다

배움이란 쌓아두기만 하면 안 된다. 내가 알고 있는 것은 모두에게 나누어 주어야 한다. 그것이 진정한 배움의 가치인 것이다.

배움을 단지 취직을 하기위한 수단으로 여기는 우리의 관점으로 볼 땐 매우 형이상학적인 이야기처럼 여겨질지도 모른다. 하지만 인간과 인간관계의 원활한 교류를 위해 배움의 나눔처럼 훌륭한 가치를 지니는 것은 없다.

상식이란 보편적이고 일반적인 지식으로부터 보다 전문적이고 깊이 있는 지식에 이르기까지 모두 망라되어야 한다는 것이 내 생각이다.
가령 내과 의사가 있다고 하자. 그는 내과에 관한한 전문가다. 하지만 음악에 대한 전문가는 아니다. 그렇다면 내과 의사로서 음악에 대한 많은 상식을 갖고 있다면 어떨까. 단지 자기분야의 지식으로 무장한 사람보다는 더 많은 기회를 갖게 될 것이다.

탈무드가 가르치는 상식의 가치인 배우고 나누는 일에 대해 소홀함이 없어야 한다. 그렇게 될 때 자신의 인생을 좀 더 풍요롭고 좀 더 가치 있게 살아가지 않을까 한다.

_김옥림

누구에게나
배우기

만나는 사람

누구에게나

무엇인가를

배울 수 있는 사람이

세상에서

가장 현명한 사람이다.

_탈무드

교육은 배려를
가르치는 것이다

예의범절의 바탕에는
상대에 대한 배려가 깔려 있다.

그리고 사람들은 예의 바르게
행동함으로써 올바른 인간관계를 만든다.

그렇기 때문에 아이에게
단순하고 기계적인 예의범절의
형식만을 가르치는 것은 무의미하다.

상대에 대한 배려를
깨닫게 하는 것이 교육의 첫 걸음이다.

_괴테

공부하라,
그리고 공부하라

배우지 않은 슬픔이여,
이것은 게으름뱅이의 자기변명이다.
그렇다면 공부를 하라.

공부한 적이 있으니까
이제는 공부하지 않는다는 말도
우스꽝스런 말이다.

과거에 기대를 갖는다는 것은
과거를 한탄함과 마찬가지로 어리석은 일이다.

이미 진행된 일에 대해서는
그 진행된 사실 속에
묻어 버리는 것이 상책이다.

_알랭

작은 가르침에도
소홀히 하지 않기

사소한 가르침이라도
지키지 않으면
결국에는 중대한 가르침까지 지키지 않게 된다.

만일 우리가
"자신을 사랑하듯 이웃을 사랑하라."
는 가르침을 무시한다면 거기에 따르는
여러 가지 가르침,
"복수를 하지 마라."
"악을 행하지 말라."
하는 등의 가르침까지 등한시하게 되며
그 결과 끝내는
종족 간에 피를 흘리게 될 것이다.

_탈무드

한 달에 4권 이상
꼭 책 읽기

"한 달에 네 권 이상의 책을 꼭 읽어야 한다. 단 한 권의 책밖에 읽지 않는 사람을 경계하라."

이는 벤저민 디즈레일리가 한 말이다.

현대는 초스피드 시대이다. 하루가 다르게 급변하고 있다. 치열한 경쟁으로 모든 것이 빠르게 변하고 있다. 어제와 오늘, 그리고 내일이란 시간의 구별이 무색할 정도로 시간은 빠르게 지나간다. 이러한 시대일수록 책을 많이 읽어야 한다. 책은 정서를 풍부하게 길러주고, 생각하는 힘을 길러주며 풍요로운 상식과 정보를 제공해준다. 책은 말 없는 스승이며, 헛기침 하나 없이 인성과 교양을 길러준다.

독서는 가장 좋은 공부법이다. 책 속에는 남들이 시행착오를 통해 얻어낸 보석보다 귀한 지혜가 담겨 있다. 많은 책을 읽을수록 더 많은 지식과 정보를 갖추게 된다. 따라서 독서량은 삶의 질과 정비례한다고 해도 과언이 아니다. 실제로 독서를 많이 하는 만큼 풍부한 상식과 정보를 얻는다. 그것을 바탕으로 새로운 학설을 만들어내고, 새로운 문화를 계발하고, 지금보다 나은 내일을 열어가는 것이다.

_김옥림

우리가
읽어야 할 책

우리가 읽어야 할 책이란,
읽기 전과 읽은 후
세상이 완전히 달라 보이는 책이다.

또한 우리를 이 세계의
저편으로 인도해 주는 책,
읽는 것만으로도
우리의 마음이 맑게 정화되는 책,
새로운 지혜와 용기를 선물하는 책,
사랑과 미에 대해 새로운 변화를 이끌어 내고,
새로운 관점을 제시하는 책이다.

_프리드리히 니체

책읽기의
세 가지 가르침

책을 읽는 사람은
세 가지 가르침을 지켜야 한다.

책을 가지고 있으면서
읽지 않는 사람,

책에서 사회에 유익한 교훈을
끌어내지 못하는 사람,

책을 읽고
자신의 생각을 끌어내지 못하는 사람은
소중한 세 아이를 잃는 거와 같다.

_탈무드

책

내 방의 주인은
내가 아니다.

내 방엔 커다란 의자가
두 개 있는데
그 의자까지도 책들이
차지하고 앉았다.

마치, 그 모습이
꼿꼿한 옛 선비를 닮았다.

내 영혼을 맑게 씻어 주고
내 심장을 타고 흐르는
뜨거운 피를
더욱 뜨겁게 만들어 주는
책

내 방의 주인은
책이다.
책이 있어
나의 행복은 무궁하다.

_김옥림

지적 성과물을 전달하는 책

당신의 서재 안에
어떤 책들이 있는가를 살펴보라.

수천 년 동안 온갖 문명을 이끌어 온
가장 슬기롭고
훌륭한 위인들과 만날 수 있을 것이다.

그들은 고독을 즐기는 은둔자들이며
소란한 것을 싫어하고,
예의범절을 지키는데 있어서도 까다로워
당신과는 동떨어진 인격체일 수도 있다.

그러나 그들이 가장 아끼는 벗에게도
털어놓지 않았던 위대한 사상이
여기 낯모르는 우리들을 위하여
낱낱이 기록되어 있다고 생각해보라.

우리는 책을 통해서
고도의 지적성과물을 얻게 되는 것이다.

_랩프 왈도 에머슨

전문지식을
갖추기

현대는
전문지식과 전문가를 요구한다.

현대는
모든 분야에서 단편적인 것이 아닌
전문적인 것을 요구하는 사회이다.

하나를 알아도 깊이 있게 아는 것을 원한다.
그래서 표피적이고 단순한 지식으로는
자신이 원하는 직업을 가질 수 없다.

기업이나 사회에서 요구하는 실력을 갖추어라.
그러지 않으면 죽었다 깨어나도
자신이 원하는 직업을 갖거나 일을 할 수가 없다.

_김옥림

영혼의 음식,
지식을 습득하라

음식이
육체를 살찌우듯
지식도
영혼을 살찌운다.

그러나 음식을 잘못 먹으면
병이 나는 것처럼
영혼도
여러 가지 잡다한 지식으로
포화 상태가 되면
탈이 나게 마련이다.

그러므로 지식도 지나치면
병이 된다는 것을 기억하라.

_러스킨

단순하게 살아야
잘 살아갈 수 있다

단순하게 살아야한다.
제발 바라건대 여러분의 일을
두세 가지로 줄이라.
간소화하고 간소화하라.

하루 세 끼 먹는 대신 하루 한 끼만 먹으라.
우리는 더 많은 것을 얻으려고 끝없이 노력하고
더 적은 것으로 만족하는 법을
끝내 배우지 않을 것인가.

자기 자신을 사냥의 대상으로 삼는 것이
좀 더 고귀한 스포츠가 아닐까.

그대의 눈을 안으로 살펴보라.
그러면 그대의 마음속에 지금까지 발견하지 못했던
천개의 지역을 찾아내리라.
그것을 답사하라.
그리고 자기 자신이라는 우주학의 전문가가 되라.

_헨리 데이비드 소로

자신의
거울

대부분의 사람들은 남의 허물을 보고 비난하고 손가락질 하는 데는 익숙하지만, 그것을 통해 자신을 들여다보며 거울로 삼은 이들은 보기 드물다. 그것은 남의 허물은 쉽게 보면서도 자신의 허물을 달팽이처럼 자꾸 안으로 밀어 넣으려는 습성이 있기 때문이다.

사람처럼 이기적인 동물은 없다. 허점이 많은 사람일수록 자신의 허물을 감추려고만 한다. 허점이 보이면 자신에게 손해가 따른다고 생각하기 때문이다. 이런 사람들은 자신의 허물을 드러내지 않게 하기 위해 남의 허물을 지적하고 드러내는 것으로 끝내는 것이 아닌, 비난을 하고 손가락질 하는 것을 마다하지 않는다.

그러나 지혜로운 사람은 자신의 허물을 감추지 않는다. 남의 허물을 보고 자신의 거울로 삼으며 자신의 허물을 고치려고 애를 쓴다. 진실로 바른 몸과 마음가짐을 위해서라면 달팽이처럼 자신의 허물을 감추려는 어리석은 사람이 되지 말고, 남의 허물을 통해 자신의 거울로 삼는 지혜로운 사람이 되어야 하겠다.

_김옥림

지혜로운
삶의 선택

버리고 비우는 일은
결코 소극적인 삶이 아니라
지혜로운 삶의 선택이다.

버리고 비우지 않고는
새것이 들어설 수 없다.

공간이나 여백은
그저 비어 있는 것이 아니라
그 공간과 여백이
본질과 실상을 떠받쳐주고 있다.

_법정

지혜롭게 문제에
대처하는 자세

인생에서 갖가지 문제가 발생하면 사람들은 '해결책을 찾아야겠다.'고 말한다.
해결책이란 난관에 맞닥뜨렸을 때 지성을 바탕으로 무엇이 옳은 행동인가를 판단하여 그것을 해결하는 길로서, 이는 생각과 마음에서 비롯된다.

그러나 보다 지혜로운 인생을 살아가기 위해서는 '참된 해결책'을 찾는 법을 알아야 한다.
참된 해결책을 찾으려면 눈앞의 문제를 다양한 각도에서 바라보고 광범위하게 접근하는 자세가 필요하다.

말뿐만 아니라 여러 감정과 꿈, 비전을 통해 도출한 참된 해결책은 올바른 행동을 이끌어내는 원동력이 되기 때문에 근본적인 마찰과 불평을 해소하고 마음을 평화로운 상태로 이끌어 준다.

_바바라 골든

땀방울은 사람을 속이지 않는다

땀방울은
사람을 속이지 않는다.

땀방울의 양에 따라
일의 성과는 비례한다.

땀방울을 흘려라.

땀방울을 흘리며
책을 읽고

땀방울을 흘리며
공부를 하고

땀방울을 흘리며
자신의 인생을 개척하라.

_김옥림

가장
아름다운 대가

스스로를 돕지 않고는

진정으로

다른 사람을 도와줄 수 없다.

이 사실이야 말로

우리의 삶이 주는

가장

아름다운 대가 중 하나다.

_랠프 왈도 에머슨

위대한 하루

위대한 역사는 위대한 하루에서 왔다. 위대한 삶은 위대한 하루에서 시작되었다. 하루가 위대하다는 것을 우리는 까마득히 모르고 지나간다. 아니, 알아도 게으름과 무지로 그것을 애써 외면한다. 하루에도 이 땅에는 수많은 역사가 쓰여진다. 새로운 목숨들이 굳게 닫힌 이 땅에 희망을 불어넣고, 삶을 다한 숨 가쁜 호흡들이 거친 숨을 몰아쉬며 이 땅을 떠나간다.

무無였던 것들이 유有가 되고 유였던 것들이 무가 된다.

하루를 마른 나무 껍데기처럼 여기지 마라.

하루가 모여 한 달이 되고, 일 년이 되고, 백 년이 되고, 수천 년이 되고, 억만 년이 되듯 하루가 빠져 버리는 순간 역사는 더 이상 존재하지 않는다.

하루가 빠져 버린 역사를 그 어디 온전한 역사라 할 수 있을까. 그것은 멈춰버린 비운의 역사로 그치고 말 것이다.

너도 위대한 하루의 자손, 나 또한 위대한 하루의 피붙이 일진대.

하루하루가 어찌 위대하지 않을 수 있을 것인가.

저기 새로운 하루가 밝은 여명으로 오고 있다.

경건하게 중심을 다하여 맑은 미소로 맞을 찌니, 날마다 하루는 새로운 역사를 잉태하여 풀어놓는 우주의 자궁. 지금껏 무無였던 것들이 날개를 달고 핏줄을 세워 힘차게 일어나리니. 위대한 하루가 죽지 않는 한 위대한 역사는 이 땅에 새롭게 쓰여 지고 유장悠長하리라.

_김옥림

생각의 방향을 바르게 갖기

생각의 방향이
올바르지 않으면
그 사람의 의지 또한 올바르지 않다.

의지는 생각하는 방향의 결과로
나타나는 것이기 때문이다.

사상의 방향이
인생의 규범 위에 자리 잡고
정의의 관점에서 취급될 때에만
가장 선한 사상이 수립된다.

_세네카

부드러운 것이
진정으로 강하다

나무와 풀을 보라.
생명이 있을 때 부드럽고 약하지만,
죽으면 마르고 굳어진다.

이 세상의 모든 것이 이와 같다.

부드럽고,
약한 것은 생명의 특성이다.

강하다고 승리자가 될 수 없다.

힘으로는
부드럽고 연한 것을
이길 수 없기 때문이다.

_노자

인간에게
참된 재산이란

그대는 무엇을 가지고 싶은가?
그대가 진실로
이해하고 있는 것이라야
그대의 소유물이다.

훌륭한 책을 샀더라도
그 책을 이해하지 못하면
그대의 것이라 할 수 없다.

참된 재산은
그대의 마음속에
깊이 자리 잡은 것을 말한다.

_괴테

자신을
이기는 자가 되라

무슨 일이든지 복수를 꾀하지 마라.

복수는 자기 자신을

그와 같은 위치에 떨어뜨리게 한다.

적과 싸우기에 앞서 자신의 약점과

싸워 이기지 않으면 안 된다.

사람은 적이 강해서 지는 경우보다

자신에게 먼저 지는 경우가 많다.

_에픽테토스

무슨 일을 하던
시간이 필요하다

갑자기 이루어지는 일은 없다.
한 알의 과실,
한 송이의 꽃조차
한순간에 생겨난 것이 아니다.

그대가 나를 향해서
과실이 필요하다고 말한다면
나는 대답할 것이다.

시간이 필요하다.
먼저 꽃이 피게 하라.
그리고 열매가 나오도록 하여야 한다.

_에픽테토스

내면의 평온 찾기

가장 중요한 것은
내면이 평온을 찾는 일이다.

흥분을 가라앉힐수록 평온한 기운이
온몸으로 퍼져나간다.

마음이 평온해지면 어떤 상황에서든
침착하게 행동하게 한다.

모든 행동이
내적인 평온함에서 흘러나오는 까닭에
신의 창조적인 휴식을 함께 누릴 수 있다.

자신을 풀어주어라.
충분히 쉬도록 하라.
그러고 나면 계획했던
길을 힘차게 나아갈 수 있다.

_안젤름 그린

지금을 충실하게
누리며 살기

우리가 가진 것은 오직 '지금' 뿐이다.
현재에 몰두하고 있다면 잘 살고 있는 것이다.
어제 무슨 일이 있었던, 내일 무슨 일이 생기건 개의치 마라.
오늘 해야 할 일을 충실히 할 때 행복과 만족을 찾을 수 있다.

어린아이들에게 깃들인 가장 경이로운 아름다움은 현재에 온전히
몰두한다는 것이다. 하자고 마음먹은 일에 아이들은 정신없이 한
다. 딱정벌레를 관찰하건, 그림을 그리 건, 모래성을 쌓던 간에 말
이다.
우리는 어른이 되면서 한꺼번에 여러 가지 일을 걱정하고 생각하
는 기술을 배운다.
지나간 문제와 앞으로 걱정이 뒤엉켜 우리의 현재를 점령하기 때
문에 우리는 비참해지고 무력해진다. 그뿐인가, 우리는 즐거움과
행복을 미루는 법도 배운다. 언젠가는 모든 게 한결 나아질 거라고
믿으면서 말이다.

지금을 충실하게 누리고 살면, 우리 마음에서 두려움이 사라진다.
본래 두려움이란 어느 날 갑자기 생길지도 모르는 좋지 않은 사태
를 걱정하는 것이다.

_앤드류 메튜스

흔들리는 마음
바로 잡기

세상을 탓하지 말고,
남을 탓하지 말고,
흔들리는 마음을 바로잡아라.

나를 바로 잡으면 모든 것이 바로잡힌다.
즉,
자신을 비웃을 수 있는 사람은
남의 비웃음을 당하지 않는다.

자신이 필요로 하는 것은 이미 자신 안에 있다.
자신이 반드시 깨달아야 할 것은
자신 안에 있는 모든 것이
존재한다는 사실을 아는 일이다.
자신이야말로 완전한 자신이다.

_레오 버스카글리아

자신의 마음속
지혜를 믿고 따르기

내 친구는 인생의 길을 안내하는 내면의 존재를 썰매 개에 비유해
서 말하곤 한다.
앞장서서 무리를 이끄는 개는 자신이 어느 길로 가야 하는지 알고,
얼음을 건너거나 새로운 길을 찾을 때 자신의 본능을 따른다.

우리들 각자의 내면에도 그러한 지혜가 있다.
우리의 썰매 개는 바로 각자의 마음이며 내면의 지혜를 믿고 다른
길로 빠지지 않는 것이 중요하다.
앞장서서 달리는 썰매 개를 믿지 못한다면 어떤 일이 일어날까.

개의 이미지를 마음과 연결시켜 새로운 이름으로 불러보라.
새로운 감정을 경험하며 달리는 동안 마음의 개가 이끄는 대로 따
라야 한다는 것을 기억하라.

_바바라 골든

자신을
아는 자가 되기

한쪽의 말을 듣고
속임수에 넘어가지 마라.

또,
자기의 능력도 생각하지 않은 채
많고 무거운 임무를 맡지 마라.

자기의 장점을
나타내고자 예로 들지 마라.

자기가 능하지 못한 일을
남이 잘 한다고 꺼리지 마라.

_채근담

물과 같이
스스로 적응하라

단단한 돌이나 쇠는
높은 데서 떨어지면 깨어지기 쉽다.
그러나 물은
아무리 높은 곳에서 떨어져도 깨어지는 법이 없다.
물은 모든 것에 대해서 부드럽고 연한 까닭이다.

저 골짜기에 흐르는 물을 보라.

물은 앞에 있는 모든 장애물을 만나면
스스로 굽히고 적응함으로써 줄기차게 흘러
마침내 바다에 이른다.
적응하는 힘이 자유로워야
사람도 그가 부딪친 운명에 굳센 것이다.

_노자

인생의
목적

인생의 목적은
끊임없는 전진에 있다.

앞에는 언덕이 있고, 강이 있고,
진흙도 있다.

걷기 좋은 반반한 길만은 아니다.

먼 곳으로 항해하는 배가
풍파를 만나지 않고 조용히만 갈 수 없다.

풍파는 언제나 전진하는 자의 벗이다.
차라리 고난 속에 인생의 기쁨이 있다.

풍파 없는 항해!
얼마나 단조로운가.
곤란이 심할수록 내 가슴은 띈다.

_프리드리히 니체

부지런하라,
부지런히 움직여라

일 년의 계획은 봄에 있고,
하루의 계획은 아침에 있다.

봄에 갈지 않으면 가을에 거둘 것이 없고,
아침에 일찍 일어나서
서두르지 않으면 그날 일을 못 한다.

젊은 시절은 일 년으로 치면 봄이요,
하루로 치면 아침이다.
봄은 꽃이 만발하고 눈과 귀에 유혹이 많다.

이목의 향락을 쫓아가느냐
부지런히 땅을 일구느냐로
그 해의 운명이 결정된다.

_공자

사람이
안다는 것은

사람이 어질다는 것은
모든 사람을 사랑하는 마음이 있음을 말한다.

사람이 안다는 것은
그 사람됨이 바른 사람인가?
또는 바르지 못한 사람인가?
또는 지혜가
있나 없나를 분별할 줄 아는 것을 말한다.

다시 말하면 사람이 안다는 것은
마치 재목을 쌓을 때
곧은 나무를 굽은 나무 위에 쌓아서
그 굽은 나무를 반듯하게 바로 잡는 것과 같은
지혜가 있는 것을 말하는 것이다.

_논어

자유의 진정한
의미에 대하여

자유라는 것은 내 마음대로
행동하는 것을 의미하는 것은 아니다.

그것은 단지 혼란한 자기 마음을 그대로
내 던지는 것밖에 안 된다.

자유라는 것은 우선 자기 내부를 정리하고
질서를 세운데서 출발한다.

자기 자신을 정리하지 않은 행동은
임자 없이 멋대로 달리는 말이나 다름없다.

목표가 없는 행동은 하나의 방종이다.
모든 자유로운 행동은 그 내부에 질서가 있고,
목표가 분명한 점에 있다.

_피타고라스

착한 일을
행하는 사람

하루만 착한 일을 행하여도
복은
금시 오지 않지만 화禍는 저절로 멀어진다.

착한 일을 행하는 사람은
봄 동산에 풀과 같아서,
그 풀이 자라나는 것은 보이지 않지만
날마다 늘어가는 것이 있다.

악한 일을 행하는 사람은 칼을 가는 숫돌 같아서
그 숫돌이 달아 없어지는 것은 보이지 않지만,
날이 갈수록 줄어 들어간다.

_명심보감

자신이 할 수 있는
일을 하는 사람이 되라

내가 생각하건대 잘한 사람이라고
하는 것은 다른 사람이 아니라
자기가 할 수 있는 일을 한 사람이다.

그런데 범인凡人들은
할 수 있는 일은 하지 않고
할 수 없는 일만 바라고 있다.

내가 할 수 있는 정도의 일은
때를 놓치지 말고 하라.

그것으로 사람은 충분한 것이다.

인생의 불행은 자기가 할 수 있는 일을
하지 않는 데에 그 근원이 있다.

_로망 롤랑

나는
끝까지 참는다

나는 끝까지 참는다.
만약 결과가
내가 올바른 것으로 나타난다면
남이 무어라고 해도 관계가 없다.

그러나 반대로
결과가 나의 악한 것을 나타난다면
열사람의 천사가
나를 옳다고 하더라도
아무 소용이 없다.

_아브라함 링컨

값진 일,
결점이 많은 일

사람이 나이를 먹어갈수록
얼마나 값진 일을 하며 또 얼마나
결점 많은 일을 하는가는
마치 두 개의 물건에 비유할 수 있다.

하나는 기름이 많지만 심지가 굵어서
오래가질 못하는 것과 같다.

기름은 생명력이며,
심지는 그 생명력을 쓰는 방법이다.

결국 그 쓰는 방법을 선택하는데 따라서
값진 일을 할 수도 있고,
결점 많은 일을 하기도 한다.

_쇼펜하우어

신성한
본능

양심은
인간의 신성한 본능이다.

그리고 양심은
영원한 하늘의 소리이며
총명하고 자유로운
인간의 믿음직한 안내자이다.

그러므로 양심은
인간을 하나님과 닮게 하며
선과 악에 대해
과오를 범할 수 없게 하는
심판자인 것이다.

_루소

품격 있는 인생을 위한
삶과 사색의 말

인생의
참된 의미

인생이란
단지 기쁨도 아니고 슬픔도 아니며
그 두 가지를 종합해 나가는 과정에서 파악되어야 할 것이다.

커다란 기쁨도 커다란 깊은 슬픔을 불러 올 것이며,
또 깊은 슬픔은 깊은 기쁨으로 통하고 있다.
자기의 할 일을 발견하고
자기의 하는 일에 신념을 가진 자는 행복하다.

돈 있는 자는 자진하여 돈의 노에가 될 뿐이다.
사람의 가치는 물론 진리를 척도로 하지만,
그러나 그가 가지고 있는 진리보다는
그 진리를 찾기 위해서 겪은 곤란에 의하여 개선되어야 한다.

_칼라일

선을 위해
노력하는 삶

사람은
누구나 착한 일을 향하여
자기 자신을 높이고
발전시키지 않으면 안 된다.

신은 우리에게
충분한 선을 준 것은 아니다.
그것은 다만 우리가 올바르게
살 수 있는 가능성을 보증하였을 뿐이다.

그러기 때문에 누구나 자기의 힘으로
자기를 더욱 좋게
이끌어 가기에 노력하지 않으면 안 된다.

그 목적을 달성하는 것이 인생이다.

_칸트

시련과 고통을 통해
참된 인생을 발견한다

그대의 눈에 눈물이 쏟아지지 않고는
진리의 골짜기를 보지 못할 것이며,
그대 마음이 찢어지도록 아픔을 겪지 않고는
내면생활을 밝히지 못할 것이다.

슬픔과 괴로움 속에 기쁨을 모르고는
아직 인생의 지혜에 도달하지 못할 것이며,
참된 인생을 생활하고 있다고 할 수 없다.

오늘은 나쁘다.
내일은 더 나쁠지도 모른다.
거기에 대한 투쟁의 과정이 인생의 나그네 길이다.

안락과 행복은 인생에서
모든 적극성을 빼앗아 갈 뿐이다.

_쇼펜하우어

현인이 되는
7가지 조건

유대인은 현인이 되는 일곱 가지 조건을 갖고 있다. 이 일곱 가지 조건을 마음에 품고 실천한다면, 어느 정도는 마음에 수양이 될 것 같다. 현인이 되는 유대인의 일곱 가지 조건이다.

1. 자신보다 현명한 사람이 있을 때는 침묵한다.
2. 남의 이야기를 중간에서 자르지 않는다.
3. 대답할 때 덤벙대지 않는다.
4. 언제나 정곡을 찌르는 질문을 하고, 이치에 맞게 논리적으로 대답한다.
5. 먼저 하지 않으면 안 되는 것부터 시작하고, 미뤄야 하는 것은 맨 나중에 한다.
6. 자기가 모를 때에는 그것을 인정한다.
7. 진실한 것은 진실로 인정한다.

_탈무드

삶

인간은
삶이라는
거미줄을 짜는 거미가 아니라,

그 거미줄을 이루는
한 올의 줄일 뿐이다.

인간이
거미줄에 하는 짓은
모두
그 자신에게 하는 짓이다.

_시애틀 추장

12월

한 해를 지내 오는 동안 함께 웃고 울고
공감하고 행복했던 사람들이 있어 참 감사하다.

날마다 눈뜨면 바라볼 수 있는 맑은 하늘과
하고 싶은 일을 할 수 있어서 마음은 풍요로웠다.

내 발걸음이 가끔씩 휘청거릴 때마다
어쩌지 못하는 일로 마음 조일 때마다
삶은 늘 일정한 거리에서 나를 지켜주었다.

산다는 것은,
살아간다는 것은 고맙고 감사한 일임을
12월 거리를 걸어가며 다시금 깨닫는다.

옷을 벗은 나무들이 성자처럼 거룩하다.
그 아래에 서서 고요히 머리 숙여 기원한다.

살아 있는 모든 것들이여, 존재하는 것들의 이름이여,
모두 다 행복하기를, 그리고 무궁하기를.

_김옥림

스스로
만족하는 삶

욕심이 많은 사람은 돈을 주어도
돈보다 귀한
옥을 주지 않았다고 불만을 갖는다.

이러한 사람은 옥을 주면
그 수효가 적다고 탓할 것이다.

스스로 만족할 줄 모르는 사람에게는
무엇을 주나 늘 부족하다.

이것은 그 근성이 거지와 다름없다.
거지는 무엇을 주나 더 얻고 싶어 한다.

마음이 풍족하면 비록 누더기를 걸치고도
따뜻하게 생각하고
나물반찬으로 밥을 먹어도 맛있다고 한다.

인생을 즐기고 풍족하게 사는 점에서
이런 사람은 왕후보다도 풍족한 사람이다.

_채근담

산다는 것의
의미

살아보니 알겠다.
삶은 사는 게 아니라 살아진다는 것을 제 아무리 잘 살아보려고 애
를 써도 그러면 그럴수록 삶은 저만치 비켜서서 자꾸만 멀어지고
내가 아무리 몸부림에 젖지 않아도 삶은 내게 기쁨을 준다는 것을
삶을 살아보니 알겠다.

못 견디게 삶이 고달파도 피해 갈 수 없다면 그냥,
못 이기는 척 받아들이는 것이다.

넘치면 넘치는 대로 부족하면 부족한 대로 감사하게 사는 것이다.

삶을 억지로 살려고 하지마라.
삶에게 너를 맡겨라.
삶이 너의 손을 잡아줄 때까지 그렇게 그렇게 너의 길을 가라.

삶은 사는 게 아니라 살아지는 것이러니
주어진 너의 길을 묵묵히 때론 열정적으로
그렇게 그렇게 가는 것이다.

_김옥림

나도 누군가에게
소중한 만남이고 싶다

나도 누군가에게 소중한 만남이고 싶다.

내가 그대 곁에 있어 그대가 외롭지 않다면
그대 눈물이 되어주고 가슴이 되어주고
그대가 나를 필요로 할 땐 언제든지 그대 곁에 머무르고 싶다.

나도 누군가에게 꼭 필요한 만남이고 싶다.

내 비록 연약하고 무디고 가진 것 없다하여도
누군가에게 줄 수 있는 건 부끄럽지 않은 마음 하나

누군가가 나를 필요로 할 땐 주저 없이 달려가 손을 잡아주고
누군가가 나를 불러줄 땐 그대 마음 깊이 남을 의미이고 싶다.

나도 누군가에게 소중한 만남이고 싶다.

만남과 만남엔 한 치 거짓이 없어야 하고
만남 그 자체가
내 생애에 기쁨이 되어야 하나니
하루하루가 누군가에게 소중한 만남이고 싶다.

_김옥림

인생은
한권의 책이다

인생은 한권의 책과 같다.

어리석은 사람은

아무렇게나 책장을 넘기지만,

현명한 사람은 공들여 읽는다.

왜냐하면,

그들은 단 한번 밖에

그것을 읽지 못함을

알고 있기 때문이다.

_장 파울

그대 길 가다가

그대 길 가다가 향기로운 꽃을 보면
향기로운 꽃이 되라.
돌을 만나면 주춧돌이 되고
나무를 만나면 사시사철 푸른 소나무가 되라.

그대 길 가다가 우연히 시내를 만나면
속살 훤히 내비치는 시내가 되라.
강을 만나면 고요한 강이 되고
바다를 만나면 용솟음치며
사철 넘실거리는 바다가 되라.

그대 길 가다가 어쩌다 새를 만나면
기쁨으로 노래하는 새가 되라.
달을 만나면 풍성한 달이 되고
별을 만나면 늘 꿈꾸는 하늘이 되라.

그대 길 가다 보면
그대도 길이 되나니

_김옥림

경험은 소중하다

아무리 독창적인 것을 꿈꾸더라도
언제나 똑 같은 꿈을 그보다 먼저
꿨던 사람들이 있다.

그리고 그들이 남긴 자취는
산을 오르는 사람들의 발걸음을 가볍게 해 준다.

적절한 자리에 설치된 로프나
사람들의 발자국으로 다져진 오솔길,
길을 가로막는 나뭇가지들을 쳐내고
앞서간 사람들의 흔적 덕분에 산에 오르는 길은
한결 수월해진다.

산을 오르는 사람들은 우리 자신이며,
그 경험에 대한 책임을 지는 것 역시 우리 자신이다.

따라서 언제나 우리는 타인의 경험으로부터
도움을 받는다는 것을 잊지 말아야 한다.

_파울로 코엘료

인생의 마시멜로

사람은 혼자서는 살 수 없는 존재다.
하나님께서는 인류를 창조할 당시 더불어 살아가도록 했던 것이
다.
더불어 살아간다는 것은 타인과 함께하는 마음이 함께 할 때만이
가능하다.
그만큼 더불어 살아간다는 것은 아름답고 소중한 일이다.

사람과 사람이 만나는 것은 인연의 작용하기 때문이다.

'나와 너', '너와 나' 는 인연의 끈이 작용할 때만이 맺어지는 것이
다.
이렇게 해서 맺어진 인연을 소중하게 여기면 서로에게 좋은 에너
지가 작동하게 된다.
그래서 서로를 잘 되게 하고, 아름다운 관계를 이어나간다.
인연은 인간관계를 소중하게 하는 '소통의 다이아몬드' 이다.

인연을 소중히 하라.
인연을 소중히 여기는 자에게 삶은 아낌없는 사랑을 선물할 것이다.

_김옥림

문

베란다 문을 여는데
한 짐이나 무게가 느껴진다.

무슨 일인가 하여 보니
문틈에 쌀알만 한 티가 끼어있다.

저 작은 것이 사르르 열리는 문을
한 짐의 무게로 늘려놓다니,
티를 떼어내자
손가락 하나로도 닫히는
이토록 가벼운 무게의 즐거움이여,
작은 티를 떼어내며 알았다.

누군가의 삶에 무게를 지운다는 것은
지독한 악덕惡德이라는 것을.

_김옥림

누군가에게
의미 있는 인생

살아있는 것들은 때가 되면
저마다 자연으로 돌아가 자연의 일부가 된다.
너나 할 것 없이 우리는 이제부터라도
한 포기 풀에도,
한 그루 나무에게도,
한 줌의 공기에게도,
한 그릇의 물에게도,
한 움큼의 햇살에게도,
한 공기의 비에게도
좀 더 겸손해져야겠다.

자연이 더 이상 인간들로부터
함부로 여김을 당하지 않도록
우리는 자연에 대한 예의를 지켜야 한다.

나아가 우리는 저마다 누군가의 생애에
무더운 여름날을 시원하게 적시는
소나기처럼 삶의 단비가 되어야 한다.
풋풋하고 질리지 않는 행복한 동행이 되어야 한다.

_김옥림

지나침은 오히려
아니함만 못하다

인생은 가혹한 것이다.
온정이 있고,
관대하고 다감다정한 사람은
자신보다 꾀 있는 사람에게
십중팔구 넘어가기 쉽다.

천성이 관대한 사람은
그 관대한 성질 때문에 도리어
실패하는 수가 많다.

적을 너무도 관대하게 보고,
친구를 지나치게 믿기 때문에
도리어 실패하는 수가 있다.

_임어당

인생의 시詩

사랑은

누군가에게는

때론

눈물이며,

또 때로는

기쁨이 되기도 하는

황홀한 '인생의 시' 이다.

_김옥림

마음이
향기로운 사람

마음 깊은 곳에서 우러나오는 사랑의 마음을, 그윽한 눈빛에서 뿜어져 나오는 따뜻한 마음을 사랑하는 사람들에게 전하는 사람.
아름다운 마음에서 오는 무지갯빛 꿈을 꽃다발로 엮어, 나보다도 사랑하는 이에게 기쁨으로 건네주는 사람,
약간의 손해를 감수하면서도 자신의 책임을 다하는 사람,
남보다 앞서서 가기 보다는 뒤따라가며 부족함을 챙기면서 가는 사람,
상대방의 잘못을 알면서도 못 이기는 척 받아주는 사람,
배려와 양보를 당연하게 생각하며 실행하는 사람,
상대가 곤란해 할 때 그 이유를 미리 알고 막아주는 사람,
좋은 일은 친구에게 미루고 힘든 일은 자신이 맡아 하는 사람,
잘못을 한 이가 미안해하지 않도록 잘못을 덮어주는 사람,
이런 사람을 마음이 향기로운 사람이라고 한다.

마음이 향기로운 사람이 된다는 것은 쉽지 않지만, 하나의 목숨으로 태어난 것을 감사하기위해서는 마음이 향기로운 사람이 되어야 한다.

_김옥림

자신의 것으로
자신을 노래하라

그대는
그대가 가진 노래를 불러라.
그대의 노래는 그대의 생명이다.

내일 구하지 말고
오늘 그대에게 주어진
때를 맘껏 노래하라.

밤하늘에는 별이 찬란하고,
나뭇가지에서는 새가
노래를 부르고 있질 않은가.

노래하라.
그대의 영혼이 가르치는
그대의 노래를 불러라.

_헤르만 헷세

삶의 본질이란
무엇인가

삶의 본질이란 무엇인가.

그것은 단적으로 말해 '사람답게 살아가는 일'이라고 할 수 있다.

사람답게 살아가는 일이란 이성적으로 생각하고, 인간에 대한 예의를 지키며, 할 일과 해서는 안 될 일을 가릴 줄 아는 것이라고 할 수 있다.

그래서 사람답게 살아가는 일에 저촉되는 행동을 한다면 그것은 동물들이나 하는 일일 뿐이며 따라서 동물적인 삶이라고 하겠다.

"사람은 자기의 행위를 자신이 지배할 수 있어야 한다.

자기 자신에게서 발견하고 자기가 살고 있는 동안 발전시켜 나가지 않으면 안 된다.

그것 이외에 선이 있다고는 생각하지 말아야한다."

이는 미국의 시인이자 사상가인 랠프 왈도 에머슨이 한 말이다.

에머슨의 말에서 보듯 인간은 자신이 하는 말과 행동을 지배, 즉 컨트롤 할 수 있어야 한다는 것이다.

그래야 해서 되는 일과 해서는 안 되는 일을 가리게 됨으로써 사람답게 살아갈 수 있다.

_김옥림

인간의
본질

그대 자신을 들여다본다면 그대는 다음과 같은 사실을 발견하게
될 것이다.
나는 약하고, 그릇되기 쉽고, 결코 완전하지 못하다.
이 사실을 점점 깊이 깨달을수록 나 이외의 다른 사람들도 약하고
잘 못 되기 쉬운, 같은 인간의 본질에 뿌리박혀 있음을 느끼게 된
다.
모든 사람은 저마다 다르며 각기 개인으로서의 특성을 가지고 있
지만 그 속에는 공통된 인간성의 전체를 내포하고 있다.

'그대 자신을 알라' 는 말은 공통된 인간의 본질을 깨닫는 동시에
그대의 특성을 발견하는 점에 있다.
즉, 모든 인간이 지니고 있는 약한 마음과 잘못되기 쉬운 마음을
어떻게 이겨나가는가.
거기에 대한 하나의 자세 혹은 과정이 내 자신의 특성을 표시하는
것이 된다.

_몽테뉴

인생의
소금

세상에서 가장

필요로 하는 것도

사람이며

가장 경계해야 할 대상도

사람이다.

나와 인생의 코드가 맞는 사람은

내 인생에 소금과 같은 존재다.

그대 또한 누군가에게

인생의 소금이 되라.

_김옥림

인간은 하나의
갈대와 같다

인간은 하나의 갈대에 불과하다.
자연 중에서 가장 연약한 것이 인간이다.
그러나 그것은 생각하는 갈대이다.
그것을 분쇄하는 데는 전 우주를 무장할 필요가 없다.

한 줄기의 증기, 한 방울의 물을 가지고도 넉넉히 그것을 죽일 수
있다.
그러나 우주가 그것을 분쇄하는 경우에 있어서도 인간은 그것을
죽이는 자보다 더 한층 고귀한 것이다.
그것은 자기가 죽는다는 것과 우주가 자기보다 우월하다는 것을
알고 있지만 우주는 전혀 모르고 있기 때문이다.

그러므로 우리는 모든 존엄성은 사고思考속에 있는 것이다.
그것을 가지고 우리는 자신을 높여야 한다.
우리가 채울 수 있는 공간이나 시간에 의해서가 아니다.
그러기 때문에 잘 생각하도록 노력해야 한다.
도덕의 본원本源은 바로 여기에 있다.

_파스칼

소울
푸드

사람이 빵만으로 살던 시대는 오래전 일이다. 지금은 배가 불러도 정신적으로 빈곤하면 삶이 유쾌하지 않다. 문화는 정신적 빈곤을 채워주는 소울 푸드^{Soul Food}이다.

소울 푸드는 치열한 삶의 경쟁에서 오는 메마른 정서를 치유하는 매우 중요한 요소이다. 이러한 소울 푸드를 마인드 뱅크^{Mind Bank}에 축적하기 위해서는 다양한 지식을 길러야 한다.

여기서 마인드 뱅크란 '마음의 은행'이란 의미로 정서적 충만함을 뜻한다고 하겠다. 정서적 충만함은 복잡한 현대사회를 살아가는데 있어 윤활유와 같은 역할을 함으로 반드시 필요하다.

정서적 충만함을 기르기 위해서는 첫째, 다양한 독서를 즐겨라. 둘째, 뮤지컬과 연극 공연, 음악과 영화를 즐겨라. 셋째, 그림을 감상하고 즐겨라. 넷째, 자신에게 맞는 취미생활을 즐겨라.

이 밖에도 다양한 문화적 프로그램이 있다. 자신만 부지런하면 큰 돈 들이지 않고 얼마든지 정서적 충만함을 기를 수 있다.

_김옥림

자신에 대해
냉정하게 판단하라

사람들은 대개 남에게 아첨하기보다 그 이상으로 자기 자신에게 아첨한다.
남의 일에 대해서는 엄정하고 냉정하면서 일단 자기 일이 되면 불공평한 판단을 하고 흥분하며 편의주의로 흐른다.
자기 자신에 대한 편의주의적 판단은 매우 나쁘다.
자기 자신에 대해서도 남의 일을 판단하듯 엄정하고 냉정하지 않으면 안 된다.

그러나 지나치게 자기에게 대해서 엄한 것도 좋지 않다.
왜냐하면 그 결과는 심신이 부담하는 고통이 커서, 괴로운 상태에 빠지고 나아가서는 절망하기 쉽기 때문이다.
지나친 자기 책망은 의지를 마비시키고, 활기를 죽이기 쉽다.
그러기 때문에 고민이 있을 때에는 심오한 도덕서道德書보다는 가까운 친구의 말에 귀를 기울이는 것이 좋은 약일 때가 있다.

_프란시스 베이컨

삶은 끝없이
달려가는 열차다

삶은 끝없이 달리는 열차와 같다.
우리는 삶이라는 열차에 동승을 해서 날마다 달려가고 있다.
삶의 열차를 타고 가다보면 기쁘고 행복한 날도 있고, 우울하고 슬
플 때도 있고, 생각대로 일이 잘 안 될 때도 있고, 시련과 고통으로
힘들 때도 있다.
그런데 매일 기쁘고 행복하기만을 바란다면 어디에도 그런 삶의
열차는 없다.
이렇듯 삶의 열차는 희로애락을 반복하며 레일 위를 달려가는 순
환열차다.
지금 자신이 행복하다고 너무 요란을 떨 필요도 없고, 불행하다고
기가 꺾여서도 안 된다.
삶의 열차를 타고 가다보면 행복과 불행은 수시로 교차하며 온다.

지금 그대가 힘든 상황에 놓여있다고 해도 절대 좌절하지마라.
희망을 잃지 않는 한 시련과 고통은 지나가게 되어 있다.
그리고 그 자리에 행복과 기쁨이 찾아들 것이다.

삶은 순환열차다.
그 어느 순간이라 할지라도 삶의 열차를 사랑하라.

_김옥림

기뻐하는
당신이 되라

기뻐하고 기뻐하라.
인생의 사업, 인생의 사명은 기쁨이다.

하늘을 향해, 태양을 향해,
풀을 향해, 나무를 향해, 동물을 향해,
그리고 인간을 향해,
기뻐하라.

이 기쁨이 어떤 일이 있어도
파괴되지 않도록 감시하라.

이 기쁨이 파괴되면
그것은 다시 말해서 그대가 어디선가
과오를 저질렀기 때문이다.

그 과오를 고치도록 하라.

_톨스토이

성실은
삶의 근본이다

재능이 많은 사람은 굶어도
성실한 사람은 굶는 법이 없다.

이는 성실이 그만큼 사람에게
좋은 이미지를 준다는 것을 의미한다.

자신의 분야에서
성공적인 삶을 살아가는 사람은
모두가 성실하다.

재능만 믿고 성실하지 않으면
절대로 자신을 성공적으로 살아갈 수 없다.

자신의 재능을 너무 믿지 마라.
자신의 지혜에 의존하지 마라.

성실은 사람을 속이지 않는다.
성실은 모든 삶의 근본이다.

_김옥림

인간의
가치

인간의 가치는
다이아몬드의 가치와 같은 것으로써
크기, 순수성, 완벽성 등이
일정한 범위 안에 있을 경우에는
값이 고정되며 또한 표시된다.

그러나
이 범위를 넘어서면
값도 정할 수 없거니와
또한,
살 사람이 절대로 나서질 않는다.

_공자

사람이
환경을 만든다

환경이

인간을 만드는 것이 아니라

인간이 환경을 만드는 것이다.

왜냐하면,

인간은 잘만 지도하면

참고 따라가기 때문이다.

오히려 인간은

인간의 지도를 받았으면

하는 생각을 가지기까지 한다.

_벤저민 디즈레일리

영혼의 보석,
참 좋은 사람

친구는 많으면 많을수록 좋다, 는 말이 있다.
또 사람을 많이 알고 있으면 그 만큼 득이 된다는 말도 있다.
물론 이론적으로는 그렇다.
하지만 실제에 있어서는 그렇지 않다.
생각이 잘 맞는 사람은 마음 또한 잘 맞는데 이런 사람들은 흔하지는 않다.
이런 사람들이야말로 많으면 많을수록 좋다.
하지만 생각이나 마음이 잘 안 맞는 사람은 적으면 적을수록 좋다.
많으면 많을수록 해가 되고 상처만 깊어진다.
그래서 이런 사람은 가까이 하지 않는 게 좋다.
자신이 보다 더 삶을 유쾌하게 살고 싶다면 생각이 잘 맞는 사람,
마음이 잘 통하는 사람과 함께 하라. 이런 사람은 영혼의 보석과도
같아 자신에게 큰 위안이 되고 힘이 된다.

그런데 여기서 한 가지 마음에 새길 것은 이런 사람을 내 사람으로
만들기 위해서는 자신이 먼저 상대에게 잘 맞춰 줘야 한다.
상대는 그런 사람에게 매력을 느끼고 자신 또한 상대에게 맞춰 주
려고 노력한다.
이처럼 조화로움은 일방적으로 이루어지는 것이 아니라 서로간의
노력으로 이루어지는 것이다.

_김옥림

인내와
자신감 갖기

인생은 누구에게도
편안한 것은 아니다.

그러나
그러한 것은 아무렇지도 않다.
인내와 자신감을 갖는 것이 필요하다.

우리는 무엇이든
재능을 가지고 있다는 것,
그리고 무엇인가에
어떠한 희생을 치를지라도
도달하지 않으면 안 된다는 것을
믿지 않아서는 안 된다.

_퀴리부인

인생의
의무

우리는 저마다 자신에게 주어진
운명의 길을 간다.
내가 가기 싫어도 가야 하고
좋아도 가야 한다.
가지 않고 주저앉아 버리면
빛나는 내일을 결코 만날 수 없다.

우리는 누구나 위대한 신으로부터
선택받은 고귀한 생명이다.
하나 뿐인 목숨,
이 소중한 목숨을 위하여
자신에게 주어진 길을 힘차게 가야 한다.

이것이 각자에게 주어진
인생의 의무이며 권리인 것이다.

_김옥림

인격자란
무엇인가

인격이 있는 사람이란

그 용모가

온화하면서도 엄숙하며,

그 자태가 위험이 있으면서도

사납지 않으며,

그 행하는 바가 유유하면서도

부자유스럽지 않다.

_논어

피하지 말고
맞서 나가라

자신에게 고통과 슬픔이 다가오면 애써 피하지 마라.
피하는 순간 고통과 슬픔의 동굴에 갇혀 더 큰 고통과 슬픔을 겪게
될 것이다.
그 고통과 슬픔을 끌어안고 맞서 싸워라.
그리고 이겨라.
그 어떤 고통과 슬픔도 이겨내는 자만이 진정 행복할 수 있다.

베르길리우스는 말하기를 "우리의 운명은 반드시 인내에 의해 극
복되는 것이다."라고 했다.
참을 수 없는 고통과 슬픔의 운명도 두려움 없는 강인한 인내 앞에
선 꼬리를 내리고 사라진다.
그것이 인생을 잘 살아갈 수 있는 최선의 삶의 법칙이다.

_김옥림

탁월한
식견

병든 다음이라야
건강이 보배인 줄 알며

난세에 처하고야 비로소 태평시절이
행복인 줄 아는 것은
일찍 앎이 아니다.

행복을 바라는 것이 재앙을 부르는
근본임을 알고

생명을 탐내는 것이
죽음의 원인임을 아는 것은
탁월한 식견이라고 할 것이다.

_채근담

자신의 인생을
멋지게 스케치하라

자신의 인생을 멋지게 스케치하기 위해서는 어떻게 해야 할까.

첫째, 자신의 능력을 최대로 발휘할 수 있는 일에 포커스를 맞춰라. 자신의 능력을 잘 발휘하는 일이야 말로 가장 잘 해낼 수 있기 때문이다.

둘째, 한 번 세운 계획은 죽었다 깨어나도 실행하라. 실행 없이는 그 어떤 결과도 없다.

셋째, 자신의 분야에 대해 막힘이 없어야 한다. 그러기 위해서는 관심 있는 분야에 집중적으로 실력을 쌓아야 한다.

자신의 인생을 스케치한다는 것은 자기 꿈의 골조를 세우는 일이다.
골조가 튼튼해야 안전한 빌딩을 건축할 수 있듯, 자신의 꿈을 준비하는데 있어 한 치의 소홀함도 있어서는 안 된다.

_김옥림

자기 운명은
자신이 만든다

사람은 대게 자기의 운명을
그 스스로가 만든다.

운명이란 외부에서 오는 것 같지만
알고 보면 자기 자신의 약한 마음,
게으른 마음, 성급한 버릇,
이런 것이 운명을 만든다.

어진 마음, 부지런한 습관, 남을 돕는 마음,
이런 것이야말로
좋은 운명을 여는 열쇠이다.

운명은 용기 있는 자 앞에 약하고
비겁한 자 앞에서는 강하다.

_세네카

함정을
조심하기

편한 길로만
가려고 하지 마라.

편한 길은
언제나 함정이 많다.

편하게 해서
어떻게 좋은 결과를
얻을 수 있단 말인가.

이를 경계해야 한다.

_김옥림

몸을 아끼지 말고
힘껏 행하라

성심성의를 다한다는 말이 있다. 이 말은 일을 하는 사람으로서의 최선의 마음가짐을 뜻한다. 성심성의를 다 하다보면 몸을 아끼지 않을 때도 있고, 그 어떤 시련에도 쓰러지지 않는 의지를 불살라야 할 때도 있다.

이런 마음가짐이라면 못 이룰 것이 없다. 그런데 무슨 일이든 건성 건성 하는 사람들을 보면 도무지 성의라고는 찾아볼 수 없다. 이런 사람들에게 일의 성과를 기대한다는 것은 무리이다. 이런 마음자세로 무엇인들 제대로 할 수 없기 때문이다.

세상의 모든 것은 사람과 사람사이의 일이든, 직장에서의 일이든, 성의 있는 자세와 지극한 마음으로 임해야 한다. 자신의 정성을 들이지 않고 좋은 결과를 기대하지 말아야한다. 몸을 아끼지 않고 최선을 다하는 사람에게 승리가 따르는 법이다.

노력 없는 성공은 어디에도 없다.

_김옥림

인생은
누구나 배우이다

사람은 누구나 자신의 인생무대에 선 배우다. 무대에 선 배우는 자신의 연기를 보여주어야 한다. 그냥 아무렇게나 보여주면 다음 무대에서 캐스팅이 되지 않지만, 혼신으로 연기를 보여주면 또 다시 무대에 오르게 된다. 이와 마찬가지로 인생의 무대 역시 되는대로 연기하면 누구나 다 되는 그런 무대가 아니다. 한번은 누구나 오를 수 있다. 그러나 대충대충 해서는 다시 오를 수 없다.

다시 오르기 위해서는 최선을 다해 인생 연기수업을 해야 한다.

그런데 내 인생이라고 해서 대충 연기를 하려는 사람들을 흔히 보게 된다. '저렇게 하면 안 되는데' 하는 안타까움이 들 때가 많다. 그렇다고 해서 대신해 줄 수 없는 것이 인생의 무대이다.

인생의 무대를 즐기면서 서는 법은 첫째, 인생을 즐겨라. 인생을 즐기기 위 해서는 연기력을 쌓아야 한다. 실력을 갖추라는 말이다. 둘째, 나와 연기력이 잘 맞는 배우와 호흡을 해야 한다. 즉, 자신에게 잘 맞는 일을 찾아서 하라. 셋째, 무대에 올랐으면 신명나게 연기 판을 벌여라. 그래야 나를 알아봐주는 사람이 생긴다. 누구에게나 필요한 인생이 되라는 말이다.

삶은 무대이고 사람은 누구나 인생의 배우다. 하지만 진정한 배우는 아니다. 진정한 배우는 실력을 쌓을 때만 가능하다. 자신에게 충실하고 자신의 인생에게 감사하게 하라.

_김옥림

이성의
산물

위대한 행동도 뛰어난 용감성도
모두 위대한 이성의 산물이다.

불끈하고 감정에서 나오는 행동은
적당한 방향을 잡지 못할 뿐 아니라,
때로는 평지에 파란을 일으킬 뿐이다.

용기는 다른 사람들이 겁을 내고
머뭇거리고 있을 때
그 무서움을 넘고 이성의 밧줄을 잡고
행동하는 데 있다.

이때의 이성은 깊은 심혼에서 우러나오는
위대한 생명력의 발동이다.

_러스킨

푸른
자유

하늘을 나는 새를 보면 무한한 자유를 보는 것 같아 가슴이 맑아 옴을 느낀다. 눈이 부시도록 파란 하늘을 유유히 떠서 점점이 날아 가는 새들의 비행은 사람들 가슴에 순진무구한 동심을 길러준다. 이런 해맑은 동심은 라이트 형제에 의해 비행기를 만들게 했고, 마 침내 사람들은 하늘을 나는 기쁨을 누리게 되었다.

예로부터 새는 무한한 자유의 상징이었으며 누구나 한번쯤 새가 되어 하늘을 나는 꿈을 꾸었다. 그러나 사람들은 새들의 멋진 비행 만 보았지 그렇게 날기 위해 숱한 날개 짓을 해야 한다는 것은 관 심밖에 두었다. 멋지게 날아가기 위해서는 숨 가쁜 날개 짓을 해야 하는 수고를 감수해야 한다. 날개 짓의 수고가 멈추어지는 순간 새 는 더 이상 멋진 비행을 감행할 수 없다.
마찬가지로 사람들도 무한한 사상적 자유를 위해서는 홀로 있는 시간과 사색의 풍유를 즐겨야 한다. 자유가 지나치면 방종이 되고 도를 넘으면 혼란을 가져와 삶의 정체성이 위협받게 되는 상황에 처하게 된다. 참된 자유는 혼란과 무질서를 바로잡고 삶의 정체성 을 바르게 한다.

진정한 삶을 꿈꾸는가.
그렇다면 자유의 참된 가치를 몸소 실천하라.

_김옥림

인생의 좋은
선장이 되는 비결

좋은 선장은
육지에 앉아서 될 수 없다.

바다에 나가
무서운 폭풍을 만난 경험이
유능한 선장을 만든다.

격전의 들판에 나서야 비로소
전쟁의 힘을 이해할 수 있다.

사람의 참된 용기는
인생의 가장 곤란한 또는
가장 위험한 위치에 섰을 때
비로소 나타난다.

_다니엘

진실로 강한
사람이란 무엇인가

남이 하는 일을
잘 알고 있는 사람은
똑똑한 사람이다.

자기 자신을 잘 알고 있는 사람은
그 이상으로 총명한 사람이다.

그리고 남을
설복시킬 수 있는 사람은 강한 사람이다.

그러나
자기 자신을 이겨내는 사람은
그 이상으로 강한 사람이다.

_노자

사람은 누구나
자기 인생의 조각가다

사람은 누구나
자신의 인생을
조각하는 조각가이다.

조각가가
어떻게 스케치를 하고
조각을 하느냐에 따라
최고의 조각품이 될 수도 있고,
최하의 조각품이 될 수도 있다.

이왕이면
최고의 조각품이 되어야 한다.

자신의 인생을
최고로 조각하는
인생의 조각가가 되라.

_김옥림

절망하지
않기

절망은
우리들의 전진을 가로 막는다.

절망은
우리들의 희망을 좀 먹는다.

절망은
우리들의 강한 의지를 꺾어 눕힌다.

절망은
우리들의 연약한 힘을 견디기 어렵게 만든다.

까닭에 절망은 인간에게 있어서
죽음보다도 더 무서운 현상인 것이다.

_보브나르그

자유로운
행동의 원칙

자유라는 것은
내 마음대로 행동하는 것을
의미하는 것은 아니다.

그것은 단지 혼란한 자기 마음을
그대로 내 던지는 것밖에 안 된다.

자유라는 것은
우선 자기 내부를 정리하고
질서를 세운데서 출발한다.

자기 자신을 정리하지 않은 행동은
주인 없이 멋대로 달리는 말이나 다름없다.

목표가 없는 행동은 하나의 방종이다.

모든 자유로운 행동의 원칙은
그 내부에 질서가 있고
목표가 분명한 점에 있다.

_피타고라스

좋은 성과를
얻는 법

한 걸음 한 걸음
천천히 걸어도
종국에는
도달하는 것이
모두라고 생각해서는 안 된다.

한 걸음 한 걸음이
그 자체로서 가치가 있어야 한다.

커다란 성과는 조그마한
가치 있는 것들이 모여
이룩하는 것이다.

좋은 성과를 얻으려면
한 걸음 한 걸음
힘차고 충실하지 않으면 안 된다.

_단테

영혼의 무게,
21g

영혼에도 무게가 있을까?

엉뚱한 생각이지, 싶었는데 연구 결과 우리의 영혼의 무게는 대략 21g, 이란다. 겨우 100원 짜리 4개 정도의 무게로 생의 철학을 담고 있다. 몇 십 Kg 이상의 몸무게를 지니고 있는 우리의 영혼의 무게가 고작 21g, 이라니! 몸무게보다도 훨씬 적은 무게로 우리를 지배하는 작은 숫자가 경이롭지 않은가!

출근길에 부대끼는 군상, 도심에 자리한 쇼핑 행렬들, 공공장소의 주인의식 없는 몰상식의 낯 뜨거운 이기는 볼썽사나움 그 자체다. 질서는 고사하고 상대를 밀치고 부딪치고도 외려, 실례말씀이 아닌 찌푸린 얼굴이라니 참 가관이다. 밀고 밀치는 북새통 속에서 타인의 불편엔 '오불관언吾不關焉' 주의로 일관하는 형편없는 모습에 언짢음을 넘어 처연한 안타까움이 일고 돌연 그들이 안고 있는 순수한 영혼의 무게는 21g이 아닌, 반에 반도 못 미칠 거라는 생각에 씁쓸했다.

나보다 타인을 배려하는 고운 마음과 정신은 모두 어디로부터 망각되었는지 그들의 험악한 얼굴표정, 곱지 않은 언사, 드센 몸짓을 보며 오늘을 살아가는 우리의 모습에서 심오한 영혼의 가치를 되새겨 보게 되었다. 영혼을 살찌우는 내실을 쌓기보다 타인과의 비교 속에 '보바리즘Bovarysme : 자기를 분수 이상의 존재로 생각하는 정신 작용' 이상주의로 자신만의 순수성을 내버린 체 허황된 물질만을 좇으며 진정한 삶의 가치관을 상실하고 살아가는 우리, 하지만 아직은 탐욕과는 먼, 배려의 삶을 나누고 추구하는 또 다른 그네들이 있기에 오늘을 위로하고 싶다.

맑은 영혼의 무게가 더는 낮아지지 않도록 뜨거운 기운과 함께 풀무질하며 갈고 닦음을 멈추지 말 것을 다짐으로 멀지 않은 날, 배려를 플러스한 영혼의 무게도 천천히 가늠해 보며 희망을 가져 봄이 어떨까 한다.

_고유진

인생의 고난을
두려워하지 않기

등산의 기쁨은
정상을 정복했을 때 가장 크다.

그러나 나의 최상의 기쁨은
험악한 산을
기어 올라가는 순간에 있다.

길이 험하면 험할수록 가슴이 뛴다.

인생에 있어서
모든 고난이
자취를 감췄을 때를 생각해보라.

그 이상 삭막한 것은 없을 것이다.

_프리드리히 니체

힘들고 어렵다고
피하지 마라

나는 내 힘으로 도저히 극복할 수 없을 것 같은 어려움에 부딪힐 때면 종종 애벌레와 나비를 생각한다. 애벌레가 고치를 뚫고 나오는 데는 엄청난 노력이 뒤 따른다.

그러나 살아남기 위해서는 피할 수 없는 절차다. 우리의 삶도 마찬가지이다. 힘들고 어렵다고 피하려고만 하면 결과적으로 이익은커녕 손해만 보게 된다. 진정한 자아를 탄생시킬 수 없음은 말할 것도 없다.

온 몸이 부서질 듯한 고통을 인내하며 최선을 다하는 과정에서 얻어지는 내적성장은 목적지로 우리를 도달하게 하는 강한 추진력이 된다.

나비가 혼자 힘으로 고치를 벗고 나오지 못해 다른 누군가의 도움을 받는다면 하늘을 나는 데 필요한 힘을 기를 수 없다. 날개를 활짝 펴고 멋지게 탈바꿈하기 위해서는 혼자만의 힘든 시기를 거쳐야만 하는 것이다.

_바바라 골든

자신에게
진실하기

먼저 내가 할 일은
내가 내 자신에게
진실해야 한다는 점이다.

어찌 스스로는 진실하지 못하면서
남이 나에게만 진실하기를 바라는가.

만약,
그대가 자신에게 진실하다면
밤이 낮을 따르듯,
어떠한 사람도 그대에게
거짓말을 하지 않게 될 것이다.

_셰익스피어

간절히 원하면
희망을 이룰 수 있다

오직 한마음으로 원하면
자신이 희망하는 것을 능히 이룰 수 있다.

모든 희망은 이루어질 수 있는 것이라는
신념을 갖도록 교육을 받지 않았다면,
그 사람은 올바른 교육을 받지 못한 사람이다.

그러나 단지 마음속에서
바라고 원하기만 해서는 안 된다.

노력 없이 단순히 원하는 경우에는
아무것도 얻을 수 없다.

자기가 희망하는 것을 얻는데 필요한
노력을 다 기울이며,
자기가 원하는 것을
싸워 얻을 수 있는 방법을 배워야한다.

_로렌스 굴드

날마다 세 가지
반성하기

내 날마다
세 가지를 스스로 반성한다.

남을 위하여
일을 함에 성실을 다했는가.

친구와 더불어 사귀되
신의信義가 있었는가.

몸에 익히지 못한 것을
남에게 가르쳤는지에 대해 반성한다.

_증자

이기는 법만 아는 사람,
지는 법을 아는 사람

이기는 법만 아는 사람과 지는 법을 아는 사람 중 누가 더 현명할까?
이에 대한 답은 둘로 갈릴 것이다.
이기는 법만 아는 사람이 더 현명하다와 지는 법을 아는 사람이 더 현명하다로.

물론 둘 다 생각에 따라 옳을 수도 있다.
하지만 지는 법을 아는 사람이 더 인생을 풍요롭게 살게 될 것이다.
왜냐하면 이기는 사람은 이기는 법만 알아 지는 순간 큰 충격에서 헤어나기 힘들다.
그리고 그 충격을 이기지 못하고 스스로를 포기할 확률이 높다.
하지만 지는 법을 아는 사람은 또 다시 진다고 해도 결코 흔들리지 않는다.
지더라도 다시 시작하면 된다고 믿기 때문이다.

_김옥림

용기와 도전,
감사와 칭찬의 말

진정한
용기

용기는
인간만이 가질 수 있는
영원한 자랑이며 창조물이다.

그런데 많은 사람은 용기를 가리켜
총포를 잘 쏘는 것과
같은 것으로 알고 있다.

그러나 진정한 용기는
여러 사람들이 보는 앞에서
할 수 있는 일을
아무도 보지 않는 곳에서
해내는 것을 말하는 것이다.

_라 로슈푸코

그래도
하라

사람들은 불합리하고 비논리적이고 비합리적이다.

그래도 사랑하라.

당신이 선한 일을 하면 이기적인 동기에서 하는 거라고 비난할 것
이다. 그래도 좋은 일을 하라.

당신이 성공하면 거짓 친구들과 참된 친구들을 만날 것이다.

그래도 성공하라.

오늘 당신이 선을 행하면 내일은 잊혀질 것이다,

그래도 선을 행하라.

당신이 정직하고 솔직하면 상처받을 것이다.

그래도 정직하고 솔직하라.

당신이 여러 해 동안 공들여 만든 것이

하룻밤 사이에 무너질지도 모른다.

그래도 만들어라.

사람들은 도움이 필요하면서도 도와주면 공격할지도 모른다.

그래도 도와줘라.

세상에서 가장 좋은 것을 주면 당신은 발길로 차일지도 모른다.

그래도 가진 것 중에서 가장 좋은 것을 세상에 주어라.

_인도 켈커타 어린이 집 '쉬슈 브하반' 벽에 있는 글

혹독한 겨울 뒤에도
꽃은 핀다

겨울이 아무리 춥고 혹독해도 봄은 어김없이 다가와 온 산천에 밝은 웃음을 터트린다.
아무 생명도 존재할 것 같지 않은 대지가 따스한 온기로 들뜨고 사람들도 짐승들도 나무와 꽃, 풀들도 환한 표정으로 새봄이 옴을 즐거워한다.
이런 자연의 법칙은 자연세계에서만 일어나는 것이 아니다.
사람들의 세계에서도 일어나는 순리이며 삶의 과정이다.

살면서 좋은 일만 있으면 얼마나 좋을까.
삶엔 궂은 날도 있고 맑은 날도 있고 비 오는 날도 있고 진눈깨비가 내리는 날도 있다.
궂은 날이나 비오는 날엔 맑은 날이 기다려지고 가뭄이 들어 건조할 땐 비를 기다리는 것처럼 고통과 시련 속에서는 당장이라도 죽고 싶을 만큼 괴롭지만, 참고 견디며 나가다보면 반드시 좋은 날이 있기 마련이다.

_김옥림

최고의
용기

소신 있게 자신을
지키는 것이야말로 최고의 용기이다.

그른 것 대신 옳은 것을,
편리함 대신 도덕과 윤리를,
인기대신 진실을 택하라.

당신의 인생은
그러한 선택들을 통해 평가된다.

뒤를 돌아보지 말고
정직과 성실의 길을 걸어라.

옳은 일을 하기에
부적절한 때란 없는 법이다.

_도널드 커티스

아픔은
인생의 손님

사람은 살아가는 동안 많은 일을 겪는다.
사랑하는 사람을 만나 꿈같은 시절을 보내게 되고, 사랑하는 이와
헤어지는 슬픔도 체험하게 된다.
그리고 가슴 벅찬 기쁨과 살을 에는 고통도 만나게 되고, 온몸을
쥐어짜며 눈물을 흘리기도 하고, 삶을 온통 다 가진듯한 감사한 일
을 경험하게 된다.
이것이 인생이며 누구나 겪게 되는 일이다.

아픔 역시 우리가 만나게 되는 인생의 손님이다.
이러한 인생길의 손님은 피한다고 해서 피해지는 것은 아니다.
언제 어디서 어떤 모습으로 올지 모른다.
사람들은 누구나 반갑고 기쁜 손님만을 만나길 원할 것이다.
그러나 그렇지 않은 것이 인생이다.

아픔을 두려워 말아야 한다.
오히려 아픔은 나에게 행복을 주기 위한 행복의 전주곡으로 여겨
라.

빛나는 인생은 아픔을 딛고 일어섰을 때 더욱 빛이 나는 것이다.

_김옥림

원하는 대로 생각하면
생각하는 대로 된다

생각은 우주에서 가장 힘이 세다.

친절한 생각을 하라, 그러면 친절해진다.

행복한 생각을 하라, 그러면 행복해진다.

성공을 생각하라, 그러면 성공한다.

훌륭한 생각을 하라, 그러면 훌륭해 진다.

나쁜 생각을 하라, 그러면 나쁜 사람이 된다.

질병을 생각하라, 그러면 아프게 된다.

건강을 생각하라, 그러면 건강해진다.

당신은 당신이 생각하는 그것이 된다.

_클레멘트 스톤

용기와 두려움은
늘 공존한다

사람의 마음속엔 용기와 두려움이 늘 공존한다. 용기 있는 마음으로 쏠릴 땐 용기 있는 행동을 하고, 두려운 마음으로 쏠릴 땐 두려움과 공포에 젖는다. 그런데 문제는 용기는 긍정적이고 능동적으로 만들지만, 두려움은 부정적이고 수동적인 만든다는 것이다.

성공한 사람들의 성공마인드 요소 중 용기는 상당히 중요하다. 아무리 창의성이 뛰어나고, 재능이 출중해도 그 일을 해내고자 하는 용기가 부족하다면 아무것도 할 수 없다.

무슨 일을 할 때 '내가 실패를 하면 어떡하지', '공연히 일만 벌이는 거 아냐' 라는 두려움에서 오는 부정적인 마인드를 버려야 한다. 대신 '나는 반드시 해낼 수 있어', '나는 내 인생을 성공으로 이끌 책임이 있어.' 라고 생각해야 한다. 생각하는 대로 되는 게 인생이다.

모든 성공은 용기를 갖고 생각대로 시도해서 이뤄낸 것이다. 자신이 원하는 것을 얻기 위해서는 이를 한시도 잊지 말아야 한다. 그래야 성공의 주인공이 될 수 있을 테니까 말이다.

_김옥림

전부를
잃는다는 것

돈을 잃는 것은

적게 잃은 것이다.

그러나

명예를 잃은 것은

크게 잃은 것이다.

더더욱

용기를 잃는 것은

전부를 잃는 것이다.

_윈스턴 처칠

흔들려야 하는
까닭

흔들리지 않는 건 꽃이 아니야
꽃은 흔들리면서 피고
향기를 뿜어내지.

가만히 피는 꽃은 없어
작은 바람 큰 바람 앞에
흔들리면서 피는 게 꽃이지.

흔들리지 않는 건
바위든 벽이든 돌이든
숨 쉬지 못하는 것뿐이지.

생명이 있는 것들은
사람이든 꽃이든 나무든 풀이든
흔들리면서 크고
흔들리면서 제 길을 가고 오지.

흔들리는 것은 살아 있다는 것
살아 있는 건 모두 흔들리며 온기를 뿜어 내지.

_김옥림

자신을
잃어버리는 것

용기를 내는 것은

잠시,

바닥에 붙인

발바닥을 떼는 것이다.

용기를 내지 않는 것은

자신을 잃어버리는 것이다.

_키르케고르

강자와
약자

토마스 칼라일은 말했다.

"길을 가다 돌을 만나면 강자는 그것을 디딤돌이라고 말하고, 약자는 그것을 걸림돌이라고 말한다."

토마스 칼라일의 말에 대해 어떻게 생각하는지 묻고 싶다. 아마, 이 말의 의미를 잘 이해하리라 믿는다.

여기서 강자는 물리적인 힘이 센 사람이 아니라 인내심이 많고, 의지가 굳어 포기를 모르는 사람을 말한다. 그래서 이런 사람은 어려운 일을 만나도 대수롭지 않게 여긴다.

그러나 약자는 다르다. 인내심이 부족하고 의지가 약해 약간의 어려운 일을 만나면 쉽게 포기를 하고 만다. 이점이 강자와 약자의 차이이며, 그 결과는 놀라울 정도다. 다시 말해 강자는 자신의 뜻을 이루고 기쁨으로 가득 차지만, 약자는 스스로를 질책하며 괴로움에 잠긴다.

자신이 원하는 꿈을 이루고 행복하게 살고 싶다면 강자가 되어야 한다. 그렇지 못하면 꿈을 이루는 것은 고사하고 한 쪽으로 밀려나 두고두고 후회하는 아픔을 겪게 될 것이다.

_김옥림

넘어지는 것을
두려워하지 않기

넘어지는 것을
두려워하지 마라.

당신이 지금 잘 걷는 것은
걸음마를 배울 때
많이 넘어져 봤기 때문이다.

당신이 진정
보다 나은 삶을 원한다면
장애물을
두려워하지 말고 넘어가라.

_김옥림

기회가 찾아오길
기다리지 말고 나아가라

언제나 한 자리에
머물러 있는 사람이 있다.
대체 무엇을 기다리는 걸까.
저 멀리서 누군가가 찾아오길 믿는 걸까.
언제 올지도 모르는 행복을
그저 막연히 기다리고만 있는 걸까.
기다리다보면 누군가가 나타나 기적처럼
지금의 고통에서 구원해주기라도 하는 걸까.
혹은 어느 날 신이나 천사가 내려와
축복해주기라도 하는 걸까.
그러다가는 끝내 기다리기만 하는
인생을 살 것이다.
지금 우리가 해야 할 일은 다시 한 번
최선을 다해 새로운 인생을 사는 것이다.
지금 이 순간,
그리고 다음 순간에도 온 힘을 쏟아
최고의 인생을 살아내는 것이다.

_프리드리히 니체

두려워하지
않는 용기

청춘이 아름다운 것은 젊고, 패기 있고, 꿈으로 뭉쳐 있기 때문이다. 청춘은 누구나 한 번은 반드시 맞게 되는 '인생의 보석'과도 같은 시기이다. 그런데 지금 우리의 청춘들은 삶에 찌들려 있다.
학자금 대출을 갚지 못해 신용불량자가 난무하고, 취업을 하지 못해 본의 아니게 눈치 밥을 먹고, 비정규직으로 인생을 땜빵 하듯 보내고 있다. 88만원 세대라는 말은 이미 낡고 고루한 말이 되어 길가를 구르고, 청춘들이 쏟아내는 한숨과 탄식이 가슴을 아프게 한다. 오로지 가진 자들만 배부르고, 등 따습고, 살판나는 세상이다.
그러나 삶을 비관해서는 안 된다. 자칫 습관이 될 수 있기 때문이다. 조금 힘들어도 참고, 조금 외로워도 참고, 조금 슬퍼져도 참고, 눈물이 나면 눈물을 흘려도 좋다.

다만 한 가지 분명히 할 것은 자신을 미워하지 말아야 한다. 자신을 미워하게 되면 가족도 미워하게 되고, 친구도 미워하게 되고, 주변 사람들은 물론 모두를 미워하게 된다.
청춘의 방황은 성숙한 삶을 위한 '삶의 연습'과 같다. 삶을 쉽게도 생각하지 말고, 너무 어렵게도 생각하지 마라. 그 어느 때라도 용기 있게 나아가면 된다. 그러다보면 자신도 모르는 사이, 어려움에서 벗어나 있는 자신을 발견하게 될 것이다.

_김옥림

주어진 상황을
즐기는 자가 되라

즐겨라.
어떠한 상황에서도 즐거움을 끌어내라.

심지어 나쁜 상황에서도,
아니 특히 나쁜 상황에 처했을 때
즐거움을 끌어내라.
즐거움은 어디에나 있다.

스스로를 통해 즐거움이 발현되도록 해야 한다.
즐거움에 저항하거나 거부하지 말라.
큰 슬픔에 처해도 즐거움을 위한 여유는 있다.

살아있지 않다면
슬픔 또한 경험할 수 없지 않겠는가?

인생이 제공하는 모든 것과 함께 자신의 인생을 즐겨라.
행복뿐만 아니라, 슬픔도 즐겨라.
성공뿐만 아니라, 실패도 즐겨라.
새로운 관계뿐만 아니라, 이별도 즐겨라.
즐겁지 않은 삶의 교훈조차 즐겨라.

_드라고스 로우아

시련의
크기

사람들은 대개 만족하게 살아가는 사람은 처음부터 좋은 조건 아래에서 성장했을 거라고 생각한다. 그러나 그렇지 않은 사람들이 훨씬 더 많다. 열악한 조건 속에서도 시련을 이겨냈기에 지금의 삶을 살아가는 것이다. 한 흑인 젊은이가 있었다. 그는 백인들이 지배하는 나라에서 신음하는 흑인들의 자유와 평화를 위해 평생 헌신할 것을 다짐하였다. 그는 민주주의를 열망하는 젊은이들로 구성된 '청년동맹'을 조직하고 백인정권에 대항하였다. 이에 백인정권은 그의 자유를 구속하기 위해, 그가 사는 도시를 벗어나지 못하게 했고 비밀경찰을 붙여 24시간 감시하였다. 하지만 민족의 자유와 평화를 갈망하는 그의 강철의지를 꺾을 수는 없었다. 그는 감옥에 투옥되기를 반복하면서도 포기하지 않았다. 백인정권은 그의 발을 묶어놓기 위해 무려 27년 동안을 감옥에 가둬두었다.
그러나 그의 열망은 더욱 불타올랐고 국제사회의 압력과 그와 흑인들의 항거에 굴복한 백인정권으로부터 석방되었다. 그리고 대선을 통해 남아프리카공화국의 최초의 흑인 대통령이 되었다. 그의 이름은 넬슨 만델라이다. 그가 자신의 꿈을 이룰 수 있었던 것은 사람으로서는 상상도 할 수 없는 시련을 통해 더욱 강해졌기 때문이다. 시련은 나를 키우는 힘이며 새롭게 거듭나게 하는 '성공의 에너지'이다.

_김옥림

비관주의자와 낙관주의자

비관주의자는

모든 기회 속에서

고난을 찾아낸다.

하지만 낙관주의자는

모든 고난 속에서

기회를 찾아낸다.

_윈스턴 처칠

누군가에게
의미 있는 사람

나는 다른 사람의
노력에 힘입어 부자가 되었다.

거저 얻으려는 생각을 지양하는 방법을
가능한 빨리 찾아서
사람들에게 나의 돈을 돌려줄 것이다.

그러나 내 재산에서 가장 중요한 부분은
유형과 무형의 재산을
모을 수 있게 해주었던 '지식' 이다.

이러한 지식이 하나의 철학으로 완성되어
성공을 꿈꾸는 모든 사람에게
도움을 주었으면 하는 것이 나의 소망이다.

_앤드류 카네기

사람들의 공통적인
약점을 극복하기

사람들이 가지고 있는

공통적인 약점은

모든 장애물을 얼마든지 제거할 수 있는

능력을 갖고 있으면서도

그걸 깨닫지 못하고

그저,

자기 앞에 장애물이 있다는 것만을 보는 것이다.

_나폴레온 힐

인생의 모든 노력에는
보상이 따른다

당신이 불쾌한 주인을 섬기고 있다면,
그에게 더욱더 많이 봉사하라.
신이 당신에게 빚을 지게 만들어라.

모든 노력에는 보상이 있을 것이다.
보상이 늦으면 늦을수록
당신에게는 더 크게 이루어 질 것이다.

복리에는 복리를 더하는 것이
신이 베푸는 관례이고 법이기 때문이다.

_랠프 왈도 에머슨

무엇을 할 것인가를
생각하고 생각하라

나는 여기 무엇을 할 것인가.

다정한 새들, 정답게 소식 전하는 계절에 햇볕 포말을 받아드는 나무들, 가을로 채비를 하는데 나는 무엇을 바라는가. 들녘, 무르익는 곡식의 물결 따라 이름 없는 꽃들의 생기도 저만치 풍요를 자랑하건만 나는 무엇을 하였는가. 저무는 노을빛과 하루를 마친 오후의 바람도 내일을 재촉하며 그렇게 만물의 생동은 저마다 기우고 나를 떠미는데 정작 어디쯤 와 있는지도 모르는 나는, 이제 또 무엇을 할 것인가.

튼실하게 자란 밤나무가 아람을 주렁주렁 매달고 한 해의 양식을 키우면 불어오는 건들바람이 가을을 재촉한다. 이 계절을 풍요롭게 살찌우며 짙은 사색思索으로 이끈다. 그리하여 과목의 푸름이 황홀한 황혼 빛으로 물들어오는 때 사색의 무게는 더없는 은총이 된다. 은총 속에 춤추는 가을은, 한들한들 미풍이 메아리 되어 흥겹고 심안心眼은 번쩍이며 고독의 축복은 기적이 된다.

시인의 노래가 된다. 이제 마음의 영원한 정신, 자유의 문을 열어젖히면 눈부신 시문詩文을 담은 내 심장은 붉게 타오르고 보이지 않게 안으로 삭여낸 시어는 붉은 진주 꽃이 되어 나른한 시간을 물들인다. 아름답게 견뎌 새롭게 깨어난다. 그리하여, 자전하여 돌아온 오늘을 새겨 시인은 목소리 높여 미지의 세계를 향해 희망을 전파의 쏘아 올려 삶을 노래한다.

_고유진의 시 '무엇을 할 것인가'

자신감 키우기

자신감은 그 어떤 재능도 능가하고 뛰어난 두뇌도 능가한다. 아무리 머리가 좋고 재능이 출중하다고 해도 그것을 뒷받침해주는 자신감이 없다면 능력을 발휘하는 데 한계가 있다. 자신의 의지로 무엇을 이루고 싶을 땐 자신감을 한껏 끌어 올려야 한다. 자신감은 능력을 배가 시키는 긍정의 에너지이다. 그런데 뛰어난 재능을 갖고도 자신감이 없어 재능을 소멸시키는 이들이 있다. 이것은 자신에게도 마이너스이고, 사회적으로 봤을 때도 마이너스이다.
자신감은 매우 뛰어난 재능과도 같은 것이다. 자신감을 키우기 위해서는 노력이 필요하다.

첫째는, 자신이 하는 일을 실패해도 좋다는 각오로 임해야 한다. 역설적이게도 이런 마음은 자신감을 갖게 한다. 둘째는 내가 아니면 나대신 해줄 사람은 어디에도 없다고 스스로에게 각인시켜라. 자꾸 마음에 새기다 보면 자신감이 솔솔 피어오른다. 셋째, 자신감을 키워 자신이 원하는 것을 이룬 사람들에 대한 책을 읽거나, 그런 사람에게 조언을 구하는 것도 자신감을 키우는 좋은 방법이다.

이런 방법을 꾸준히 시도하다보면 자신도 모르는 사이에 자신감이 생겨난다는 걸 알 수 있다. 자신감은 용기를 주고, 희망을 주고, 꿈을 주고, 끝까지 하는 힘을 준다. 자신감은 가장 뛰어난 재능이자 실력이다.

_김옥림

두려운
이유

자신이 할 수 있는 능력 안에서 할 땐 겁을 내거나 주저하지 않는
다. 자신의 능력의 한계를 잘 알기 때문에, 한계에서 벗어나는 것
은 안 하려고 한다.
그러나 자신의 한계를 벗어나는 일을 부탁 받을 때나 하려고 생각
하면 두려움에 사로잡힌다. 자신의 한계를 벗어나는 것은 모르는
문제를 푸는 거와 같기 때문이다.

남에게 자신의 능력 이상을 보여주려고 굳이 애쓸 필요는 없다. 그
것은 자신의 약점이 될 수도 있는 일이다. 자신의 능력이 못 미치
는 일은 솔직하게 말하는 것이 좋다. 그것은 사람들에게 좋은 인상
을 줄 수 있는 기회가 될 것이다. 솔직하다는 것은 누구에게나 믿
음을 주는 가장 바람직한 일이니까.
그러나 억지로 자신의 능력 이상을 보여주려고 한다면, 가식적으
로 보일 수 있어 오히려 마이너스가 된다. 이런 상황에서는 누구나
두려움에 사로잡히기 마련이다.

지금 우리 사회는 자신의 능력 이상을 보여주려고 허위로 자신을
포장하는 이들이 많다. 그리고는 자신의 허위가 드러날까봐 불안
에 떤다. 자신의 능력 앞에 솔직해져라.

_김옥림

고민으로부터
벗어나기

고민하는 사람은 언제나 틀에 박혀있다.
기존의 사고방식과 감정이 부유하는 비좁은
상자 속에 갇혀 있다.
그 곳에서 나올 꿈조차 꾸지 못한다.
고민의 상자는 죄다 낡은 것이 채우고 있다.
낡은 사고방식, 낡은 감정, 낡은 자신,
그곳에 있는 모든 것은 조금도 발전하지 않은
과거에 머무르며 같은 가치, 같은 이름을 가진다.

사실, 이를 깨닫는 것만으로도 이미
고민의 상자로부터 탈출하는 방법을 아는 것이다.
이름과 가치를 스스로 결정해보라.
병을 새로운 세계를 향한 다리라고 이름붙이고,
고난과 수고를 인생이 주는 시련이라 이름붙이고,
방황을 편력이라고 이름붙이고,
빈곤을 현재를 만족하는 연습이라고 이름붙이고,
역경을 도약의 기회라고 명명하듯이,
그것만으로 상자는 새로운 가치로
자연스럽게 채워진 전혀 다른 공간이 된다.
그리고 삶은 풍요로움에 더 가까워진다.

_프리드리히 니체

포기하지
않기

"몸을 아끼지 않고 쓰러질 결심으로 나아가는 사람이 승리를 얻는다."

이는 동양명언이다.

이 말은 강한 의지와 신념을 잘 보여준다. 몸을 아끼지 않고 쓰러질 결심으로 나아가라는 이 말은 '포기'를 해서는 안 된다는 메시지를 담고 있다.

포기하지 않는 사람들은 몸을 아끼지 않는다.

왜냐하면 그것은 자신을 실패로 몰아간다는 것을 잘 알기 때문이다.

성공하고 싶다면 포기를 이기는 법을 배우라.

_김옥림

고난의 눈물에
굴복하지 마라

농부들이 추수를 하기까지에는 많은 고초를 감수해야 한다. 가뭄이라는 고초, 장마라는 고초, 태풍이라는 고초, 우박이라는 고초, 서리라는 고초 등 갖가지 고초를 이겨내야 비로소 추수하는 기쁨을 거둘 수 있다.

고초를 견디지 못하면 곡식을 제대로 길러 낼 수 없다. 농부는 천심天心을 가진 사람이다. 농부가 되려면 인내하고 때를 기다릴 줄 알아야 한다. 그래서 아무나 농부를 할 수 없다.

그런데 많은 이들이 잘못 생각하는 것 같다. 농사는 많이 배우지 못한 사람이나 하는 일이라고. 이 얼마나 어처구니없는 생각이란 말인가.

나는 인내심이 많은 편이지만 농부에 비하면 조족지혈鳥足之血과 같아 수백만평의 농토가 있다고 해도 농부가 될 자격이 없다. 또한 나는 본시 부족함이 많은 까닭이다.

농부란 하나님을 가장 많이 닮은 사람이다. 그러니 농부란 얼마나 위대한 사람인가. 자신이 하는 일을 농부의 마음으로 할 수 있다면 분명히 잘 해 낼 수 있다.

_김옥림

고난이
존재하는 이유

인생은 과정의 연속이다. 인생을 사는 동안 때로는 남들에게 주목을 받기도 하고, 자신의 삶을 축하하는 시기를 갖기도 한다. 인간은 이런 변화와 경험으로 인해 자신이 현재 어떤 위치에 있는지 생각하게 된다.

어른이 되는 과정은 더 특별한 의미가 있다. 영원히 어린이로 남을 수 있는 사람은 아무도 없다. 완전한 인간이 되기 위해서는 반드시 직면하고 맞서야만 하는 책임들이 있기 때문이다. 과정의 관례를 거부하며 모든 책임에서 벗어날 수도 있지만 그것은 완전한 사람을 거부하는 것과 같다.

인생은 정체되어 있지 않고 계속 흘러가며 우리는 그 흐름을 멈추게 할 수 없다. 매 순간 같은 장소로만 흘러갈 수 없는 강물과도 같은 것이다. 그러므로 우리는 인생과 함께 흘러가는 법을 배워야 하며 삶의 흐름을 막는 것들을 현명하게 피할 줄 알아야 한다.

_바바라 골든

도전 아닌
인생은 없다

도전 아닌 인생은 어디에도 없다. 아프리카에도 있고, 아메리카 인디언에게도 있고, 유럽에도, 남미에도 있다. 도전은 사람이 있는 곳이라면 항상 존재하는 인생의 파트너와 같다.

도전은 힘들고 어렵지만 자신이 원하는 것을 성취했을 때의 그 기분은 상상을 초월한다. 그래서 도전을 좋아하는 사람은 힘들고 어려운 걸 알면서도 도전과 모험을 즐긴다.

인생을 힘들이지 않고 산다면 얼마나 좋을까. 누구나 한 번쯤은 생각해 보았을 것이다. 그러나 그렇게 할 수 없는 것이 사람이다.

도전을 즐기기 위해서 어떻게 해야 할까.
첫째, 인생은 모험이라고 여겨라. 모험 아닌 인생은 인생의 참 가치를 알지 못한다.
둘째, 두려움을 버려라. 두려움은 도전을 방해하는 요인이다.
셋째, 힘들고 어려워도 자신이 원하는 길을 가라.
넷째, 남들이 부러움을 사는 일은 몇 배의 노력을 요구한다. 아니 그 이상을 요구한다. 그래도 해라. 그것이 참 인생의 가치를 가져다 줄 것이다.

_김옥림

자신의 껍질을 벗고
용기 있게 도전하라

세상의 모든 일은 거저 되는 것이 하나도 없다. 행운마저도 많은 노력을 하는 사람에게 찾아올 확률이 높다.

또한 하고 싶은 일을 하다 비록 실패를 하더라도 후회가 그만큼 덜하다. 왜냐하면 자신이 품었던 일을 원 없이 했기 때문이다. 꿈을 마음에 품고만 있는 사람은 그 기분을 절대 느낄 수가 없다.

자신이 하고 싶은 일이 있다면 먼 훗날 후회하는 삶이 되지 않도록 지금이라도 과감히 자신의 껍질을 벗어버리고 도전해보기 바란다. 역사는 진정으로 용기 있는 자들이 만들어내는 빛나는 삶의 흔적이다.

인생은 길고 할 일은 많다. 지금 힘들다고 절대 주저앉지 마라. 당부하건대 언제나 긍정적으로 생각하고, 낙관적으로 생각하라.

_김옥림

도전하라,
그리고 도전하라

삶을 살아가는 데 있어
도전정신은 필수입니다.
도전정신이 없거나 나약한 사람은
양분이 부족한 까칠한 나무와 같습니다.
또한 도전정신이 없다면
살아도 죽은 육신과 같습니다.

모름지기 역사는
끊임없는 도전으로
이어왔고 이어갈 것입니다.
그 삶의 흐름을 쫓는 것이 인생인 것입니다.

도전하고 도전하십시오.
도전은 자신이 살아 있다는 확신이며
무궁한 존재의 기쁨이며
유장한 역사 속에
자신을 길이 남길 수 있는
인생의 오묘한 묘약이 될 것입니다.

_김옥림

새롭게
도전하는 10가지

새로운 도전을 맞이하기에
너무 늦은 나이란 없다.

언제까지나
행복한 일도 언제까지나 불행한 일도 없다.
삶이란 시간과 운명의 무거운 짐을 견디는 것이다.
행복은 단지 불행하지 않은 것 그 이상을 요구한다.
꿈은 내가 스스로 내딛는 발걸음만큼만 가까워진다.
나에 대해 가장 무지한 것은 바로 나 자신이다.
모든 미래는 지금 여기의 내 모습에서 출발한다.
전체 퍼즐 판을 보지 않고는 퍼즐 조각을 맞출 수 없다.
인생은 불확실하며 행복으로 가는 길은 지도가 없다.
화를 잘 내는 것은 건강한 것이 아니라 비겁한 것이다.

_고든 리빙스턴

용감하게
살아가기

자기를 위하여
무엇이든 탐내지 말라.

구하지 말고,
마음을 동하지 말라.

사람들의 장래도 네 운명도
너로선 항상
미지의 것이어야 한다.

그러나 무슨 사태가 발생하든
마음만은 단단히 먹고
용감하게 살아야 한다.

그러고 나서
하나님께 모든 것을 맡겨야한다.

_톨스토이

운명은 사람을
차별하지 않는다

어떠한 역경과 혼란 속에서도
이성異性으로써 과감하게
일을 처리하는 사람이 위대한 것이다.

운명은 사람을 차별하지 않는다.
사람 자신이 운명을 무겁게 짊어지기도 하고
가볍게 처리하기도 할 뿐이다.

운명이 무거운 것이 아니라
나 자신이 약한 것이다.
내가 약하면 운명은 그만큼 강해진다.
비겁한 자는 늘 운명이란 갈퀴에 걸리고 만다.

_세네카

유쾌한 것의
본질

참고 견디는 것이 아니라
자진해서 하는 것
이것이 유쾌한 것의 본질이다.

그러나 사탕이나 과자는 입 속에서
녹이기만 하면 맛이 있듯이 많은 사람들은
그것과 마찬가지방법으로
행복을 맛보려다 실패했다.

음악은 듣기만 하고
스스로 노래하지 않으면 별로 재미가 없다.
그래서 어떤 사람들은 음악이 귀가 아닌
목청으로 맛보는 것이라고 말했다.

아름다운 그림도 그 즐거움은
제 손으로 색칠을 한다든가
수집을 하지 않으면 그다지 재미를 모른다.
때문에 인간의 행복은
그저 탐구하고 정복하는데 있다.

_아리스토텔레스

악의적인 경쟁자일수록
관대하게 포용하라

만일 당신을 험담하는 악의적인 경쟁자가 있다면 냉정한 잣대로 평가하지 말고 관대하게 포용하라.

그러면 당신은 최고의 찬사와 행운을 얻게 될 것이다.

당신이 얻은 명성과 행운은 경쟁자를 혼란에 빠트리는 지독한 형벌과 같은 것이다.

스스로 발전을 도모하지 않고 다른 사람의 행운을 질투하기만 하는 어리석은 경쟁자는 상대에 대한 찬사가 들릴 때마다 매번 죽음을 겪는다.

상대방의 명성을 스스로에게 독으로 만들어버리기 때문이다.

때문에 명성을 얻은 자는 영예 속에서 경쟁자는 고뇌 속에서 살아가는 것이다.

_발타자르 그리시안

사람을
망치는 일

자신이 맡은 역할을 위해

노력하지 않고,

원하는 것을 이루기 위한

투쟁의 과정 없이

모두 가지는 것만큼

사람의 행동을 망치는 일이

있을지 의심스럽다.

_새뮤얼 스마일스

감사하고
감사하라

감사하라.
감사하는 태도를 길러라.

감사함은
주어진 환경보다
자신의 태도에 의해 좌우된다.

가지지 못한 것에 대한
아쉬운 마음이 들 때마다
지금 가지고 있는 것에 대해
하나님께 감사하라.

_짐 스티븐스

누구에게나
감사하는 사람

감사와 고마움이 무럭무럭 자라도록 하라.
그것이 생활의 습관이 되게 하라.
누구에게나 감사하라.
고마움을 잃게 되면, 사람은 행한 일들에 대해 감사하게 된다.
할 수 있었지만 못한 일에 대해서도 고마움을 느낀다.
어떤 이가 도와주면 그대는 고마워하는데 그것은 단지 시작에 불
과하다. 그 다음에는 누군가가 그대에게 해를 끼칠 가능성이 있는
데도 그렇게 하지 않은 것에 감사하게 된다.

상대방이 그렇게 하지 않은 것이 고마운 것이다.
일단 감사에서 생기는 감동은 마음속 깊이 가라앉혀 두면
그대는 모든 것에 고마움을 느끼게 된다.
그리하며 고마움을 느끼면 느낄수록
불평과 투덜거림은 훨씬 더 줄어들게 된다.
불평이 사라지면 고통도 사라진다.
고통은 불편과 더불어 있으며
불평하는 마음도 함께 연결되어 있다.
고통은 감사하는 마음과 공존할 수 없다.
이것이 배울 만한 가장 중요한 비밀들 중에 하나이다.

_오쇼 라즈니쉬

하루라는
기적

하루 동안에도
수많은 새 생명이 태어나고
수많은 사람들이 세상과 작별을 합니다.

하루 동안에도
세계 곳곳에선 수를 셀 수 없는
일들이 일어나고 사라져갑니다.
그 하루 속에
내가 있고, 네가 있고, 우리가 있습니다.
나도 기적이고,
너도 기적이고,
우리 모두는 기적 속에서 살아갑니다.
기적은 가장 결정적인 아름다움,
기적은 지금 이 순간에도 일어나고
내일도 모래도 그리고 먼 훗날에도 일어날 것입니다.

우리 모두는 기적 속에서 살아가는
기적의 은총이며 기적의 증거입니다.
하루라는 기적에게 감사하고 감사하십시오.

_김옥림

새로운 도약을
위한 준비

이 세상에
존재하는 모든 사람,
장소, 사물, 생각, 사건들은
당신이 꿈꾸는 완전한 삶을
이루는데 꼭 필요한 부분들이다.

역경 속에는 반드시
숨겨진 축복이 들어있고,
일보 후퇴는
새로운 도약을 위한 준비이다.
이것이 바로 감사이다.

_존 디마티니

건실한 인간의
첫 번째 조건

은혜를 모르는 것은
근본적인 결함이다.

은혜를 모르는 사람,
삶이라는 영역에서
무능한 자라고 할 수 있다.

타인의 은혜에
감사할 줄 아는 마음,
그것은 건실한 인간의
첫 번째 조건인 것이다.

_괴테

문제를 해결하기 위한
가장 좋은 방법

모든 시작에 앞서 가슴에서 풀리지 않는
것들에 대해 항상 인내하라.
또 잠겨 있는 방이나 어려운 외국어로 된
책을 대하듯 문제 그 자체를 사랑하라.

지금 당장 해답을 얻고자 서두르지 마라.
문제에 대한 해답은
문제와 함께 주어지지 않기 때문이다.
따라서 문제를 해결하는 가장 좋은 방법은
모든 문제들과 함께 숨 쉬는 것이다.

지금 당장 그대 앞에 문제들과 함께 숨 쉬어라.
그러면 언젠가 자신도 모르는 사이에
문제의 답이 그대에게 주어져 있음을 깨닫게 될 것이다.
항상 시작하는 자세로 시작하는 사람으로 살아야한다.

_라이너 마리아 릴케

사람의 마음을
움직이는 10가지 법칙

우선 칭찬하라.
남의 잘못을 일깨워줄 때는 간접적으로 하라.
상대방에게 주의를 주기 전에,
우선 자기의 잘못을 밝혀라.
명령을 하지 말고 제안을 하라.
상대방의 체면을 살려줘라.
작은 일이라도 아낌없이 칭찬하라.
상대방을 신사로 만들려면,
그에게 신사대접을 하라.
격려하라.
능력에 대하여 자신을 갖게 하라.
상대방이 중요하다는 느낌을 갖게 하라.

_데일카네기

칭찬의
말

칭찬하는 말엔
따뜻한 희망이 있습니다.
마음이 처져 있는 사람이나
자신감을 잃은 사람에게 건네는
"나는 당신의 능력을 믿습니다."
라는 한마디 말엔
억만금으로도 살 수 없는
희망이 듬뿍 담겨있습니다.

칭찬의 말엔
샘솟는 용기가 있습니다.
"나는 할 수 없어. 내가 그걸 어떻게 해."
라고 스스로 자신을 믿지 못하다가도
"나는 그 일에 당신이 최적격자最適格者 라고 믿습니다."
라는 말을 들으면 스스로도 믿을 수 없는
용기가 솟구쳐 오릅니다.

칭찬하는 말엔
끊임없이 넘쳐나는 에너지가 있습니다.
"그 일은 당신만이 해 낼 수 있습니다."
라는 단순한 말 속엔

사람의 힘으로는 할 수 없는
불길같이 치솟는 에너지가 분출[噴出] 합니다.

칭찬은 희망입니다.
칭찬은 용기를 줍니다.
칭찬은 에너지입니다.

칭찬의 말을 합시다.
더 늦기 전에 지금 하십시오.
당신이 사랑하는 이들에게
당신이 믿고 신뢰하는 이들에게
"나는 당신을 믿습니다. 당신만이 그 일을
해낼 수 있습니다."
라고, 서로가 서로에게 따뜻한 미소로 칭찬하십시오.

칭찬은 사랑입니다.
칭찬하는 데는 큰 힘이 들지 않습니다.
자신만 조금 낮춘다면
칭찬은 누구나 할 수 있는
가장 아름다운 말입니다.

_김옥림

칭찬 10계명

칭찬할 일이 생겼을 때 즉시 칭찬하라.
잘한 점을 구체적으로 칭찬하라.
가능한 공개적으로 칭찬하라.
결과보다는 과정을 칭찬하라.
사랑하는 사람을 대하듯 칭찬하라.
거짓 없이 진실한 마음으로 칭찬하라.
긍정적인 눈으로 보면 칭찬할 일이 보인다.
일이 잘 풀리지 않을 때 더욱 격려하라.
잘못된 일이 생기면,
관심을 다른 방향으로 유도하라.
가끔씩 자기 자신을 칭찬하라.

_케네스 블랜차드

칭찬의
즐거움

반가운 인사 속에 건네는
따듯한 칭찬은
그 사람의 인격을 풍요롭게 한다.
눈빛을 맑고 깊게 한다.
순간의 손짓과 웃음에
꽃 내음의 품위를 더한다.
더 이상의 말이 없어도
그윽한 인품을 읽게 한다.

한마디의 칭찬에는
주는 사람도
받는 사람도
싱긋 미소 짓게 하는
싱그러운 에너지가 있다.

칭찬의 즐거움은
청록빛 우거진 느티나무처럼
포용의 온유로 모두를 안아 올리는
무한한 다정함이다.

_고유진

칭찬은 잠재능력을
극대화시킨다

"엄마가 보기엔 넌 좋은 목소리를 가졌단다. 엄만, 네가 훌륭한 가
수가 되리라 믿는다. 그러니 열심히 하렴. 알았지?"

이 말은 세기적인 테너 엔리코 카루소의 어머니가 한 말이다.

노래의 꿈을 안고 있던 카루소의 노래를 들은 어떤 선생이 혹평을
하였다. 너는 노래를 부를 수 있는 목소리가 아니라고.
선생의 혹평에 실망하여 축처져 있는 아들에게 용기를 주기 위해
카루소의 어머니는 칭찬을 아끼지 않았다. 어머니의 칭찬으로 최
선을 다한 카루소는 훗날 불멸의 테너가 되었다.

사랑하는 이들이게 아낌없이 칭찬하라. 칭찬은 능력의 알피엠rpm을
끌어올리는 꿈의 엔진이다.

_김옥림

가장 훌륭한 선도
악이 될 수 있다

이 세상의 영예나
세인의 칭찬을 받겠다고,
마음을 괴롭히는 것은 어리석은 일이다.

왜냐하면 세인은 모두
어느 동일한 것을
선이라고 생각하지 않을뿐더러

어떤 사람들은
가장 훌륭한 선이라고 생각하고 있는 것도
다른 사람들은 악이라고
생각할 수도 있기 때문이다.

_공자

칭찬은 기쁨을 주는 행복의 보고寶庫이다

칭찬은 행복한 마음을 갖게 한다.

나 또한 작은 칭찬에 기뻐하는 한 사람으로서, 내 책을 본 독자들로부터 기분 좋은 이야기를 듣거나 인터넷을 통해 올려진 글을 보면 매우 흐뭇한 기분이 든다. 그리고 작가로서 글을 쓴다는 것이 행복한 일이라는 생각이 들어 참 감사하다. 그런데 간혹 내가 쓴 글의 의도를 이해하지 못하고 쓴 무례한 글을 보게 될 때가 있다. 그럴 땐 화가 나기도 한다. 그래서 어떨 땐 그런 글을 쓴 당사자를 찾아 그렇게 쓴 글의 의도를 설명해주고 싶다. 그러면 그도 자신의 어리석음과 무례함을 알고 조심하지 않을까 하는 마음에서다.

칭찬은 사람의 기분을 유쾌하게 만든다. 하지만 비평이나 비난은 당사자를 속상하게 하고 화나게 한다. 특히, 근거 없는 비난이나 고의적으로 상대방을 비평하는 것은 응징받아야 할 범죄행위이다.

나쁜 일에는 고개를 돌리지도 말고 눈길도 주지 말아야 한다. 하지만 좋은 일엔 같이 기뻐하고 칭찬하는 미덕을 가져야 한다.

_김옥림

칭찬이 주는
멋진 결과

툭 하면 비판을 하거나 불평을 쏟아내는 사람들이 너무도 많다.
그런 사람들은 언제나 세상의 부정적인 면만 보고 사는 사람들이다.

이런 습관을 고치는 방법은 하나다.
스스로 부정적인 말을 입 밖에 내지 않는 것이다.
시간을 내어 주위 사람들을 칭찬하고 그들이 해준 일에 고마움을
전하라.
누군가가 맡은 일을 잘해내면 한껏 격려해주고 축하하라.

감사와 칭찬은 변화를 불러온다.
당신이 상상하는 것 이상의 멋진 결과가 되어 당신에게 되돌아올
것이다.

_돈 에직

칭찬은 위대한
능력의 샘물이다

영국 격언에 이런 말이 있다.

"바보도 칭찬을 하면 천재로 만들 수 있다."

그렇다. 칭찬의 힘은 참으로 대단해서 바보를 천재로 만들고, 무능력한 사람을 능력자로 만든다.

칭찬은 사람의 마음을 사로잡는 매직이다. 칭찬의 마법에 빠진 사람들 중엔 자신이 생각조차 하지 못했던 결과를 이룬 경우가 많다.

아인슈타인, 조지 워싱턴, 엔리코 카루소, 안드레아 보첼리 등 실로 그 수를 셀 수 없을 정도다.

 칭찬은 위대한 능력의 샘물이다.

칭찬은 용기를 갖게 한다. 칭찬은 희망을 품게 한다. 칭찬은 자신감을 길러준다. 칭찬은 사랑하는 마음에서 온다. 칭찬하라. 칭찬하는 자에게 복이 있다.

_김옥림

칭찬 속에 담긴
의미를 파악하기

칭찬을 받으면
누구나 기뻐한다.
단,
그것을 단순히 기뻐하는 것으로
끝나면 무엇도 얻을 수 없다.

칭찬의 말 속에도
당신을
한층 성장시키는 날카로운
조언이 숨어 있다.
그것을 간파하는 것이 중요하다.

_논어

사람들에게 열정을
심어주는 비결

사람들에게 열정을 심어주는 비결은
나의 제일가는 재산이라고 생각한다.

사람들에게 최선을 다하도록 만드는 방법은
칭찬과 격려인 것이다.

사람의 큰 꿈을 죽이는 것은 상사의 비평이다.
나는 아무에게도 비평을 하지 않는다.
나는 일에 대한 대가를 지불해야 된다고 믿는다.

나는 칭찬하기를 좋아한다.
그러나 약점을 잡아 비평하기를 싫어한다.
나는 성심성의를 다해서 인정하고 칭찬한다.
나는 무슨 일을 하든지 전심전력을 다한다.

_찰스 스왑

비평보다 더
중요한건 칭찬이다

찰스 스왑은 이렇게 말했다.

"비평보다 더 중요한 건 칭찬이다."

그래서 그는 앤드류 카네기를 성공하게 했다.
카네기는 공적, 사적으로
자신의 동료들에게 칭찬을 아끼지 않았다.
심지어 카네기는 자신의 비석에도
칭찬의 내용이 담긴 말을 새기도록 했다.

'자기보다 더 똑똑한 사람들과 사이좋게 지내던
사람이 이곳이 누워있습니다'

_데일카네기

칭찬의 기술을
높이는 방법

'늘 남이 중요한 인물이라고
느끼도록 만들어라'

이미 내가 지적한 바와 같이 존 듀이 교수는
인간은 누구나 중요한 인물이 되려는
욕망을 가지고 있다고 했다.

그리고 윌리엄 제임스 교수는 이렇게 말했다.

"인간은 누구나 칭찬을 받고 싶어한다"

그리고 내가 언급한 바와 같이
인간과 동물의 차이점은
중요한 인물이 되려는 것과
칭찬을 바라는 인간의 마음인 것이다.

_데일카네기

긍정과 열정,
습관과 자기 확신의 말

불가능을
믿지 않기

이런 일은

도저히 불가능하다고

자신이 믿고

시작하는 것은

자기 자신을

불가능하게 만드는 수단이다.

_존 워너메이커

적극적으로
행하기

자신이

하는 일에 어울리는

복장을 갖추고

자신이

원하는 성격을 선정해

그에 맞게

적극적으로 성격을 개조하라.

_나폴레온 힐

절대적인 힘은
어디에서 올까

자신에 대한 존경,

자신에 관한 지식,

자신에 대한 억제,

이 세 가지가

생활에 절대적인 힘을 가져온다.

_알프레드 테니슨

어려운 일이 닥쳐도
끝까지 하라

눈앞에 어려운 일이 닥치면

자신도 모르는 사이에 꽁무니를 빼버리고

다른 사람이 그 일을

맡아주었으면 하는 마음을 갖기 싶다.

이것은 비겁한 행동이다.

자신이 해야 할 일이라고 생각한다면

의무를 다 할 때까지 버텨야 한다.

_윈스턴 처칠

피해의식
버리기

사람은 누구에게나 피해의식이 있다. 그것이 심하고 적음의 차이일 뿐이다. 그런데 피해의식이 심한 경우에는 인간관계에 장애가 생겨 사회생활을 하는데 큰 문제가 된다.

왜냐하면 상대를 믿지 못하고 '저 사람이 나를 해코지라도 하지 않을까' 또는 '내가 이것을 한다면 사람들이 날 더러 뭐라고 할까. 나를 무시할지도 몰라' 라고 생각함으로써 스스로를 부정적인 생각의 틀 안에 가두어 버린다. 대개 부정적인 사고를 가진 사람들이 피해의식이 심하다.

피해의식에서 벗어나는 길은 나쁜 기억을 지우고 긍정적인 생각으로 바꿔야 한다. 그것만이 피해의식을 없앨 수 있다.

_김옥림

긍정적으로
생각하고 행동하라

자신에 대해
긍정적인 생각을 갖는
단,
한 가지 방법은
긍정적인 행동을 하는 것이다.

사람들은
생각한 대로 살지 않고
사는 대로 생각한다.

_보칸 퀸

미리 어렵게
생각하지 않기

길은 가까운 곳에 있다.
그런데 사람들은
헛되게도 멀리서 찾고 있다.

일은 해보면 쉬운 것이다.
시작을 하지 않고
미리 어렵게만
생각하고 있기 때문에
할 수 있는 일도 놓치는 것이다.

_맹자

긍정적으로
즐겁게 일하기

창조적인 일을 할 때도 그렇고, 일상적인 일을 할 때도 그렇고 즐
거운 마음으로 하면 순조롭게 일을 해 나갈 수 있다.
왜냐하면 거침없이 비상하는 마음이나 사소한 제한 같은 것 따윈
염두에 두지 않는 자유로운 마음이 있기 때문이다.
자유로운 마음을 위축시키지 않고 나가는 것이 좋다.
그로인해 여러 가지 일을 거뜬히 해낼 수 있는 사람이 될 수 있다.

그러나 본인 스스로가 즐거운 마음을 가지고 있지 않다고 느낀다
면 많은 지식을 기르고 많은 예술을 경험하라.
그러면 그 마음에 즐거움으로 채워질 것이다.

_프리드리히 니체

무엇이든 할 수 있다는
적극적인 마음 갖기

인간이 해 낼 수 있는 일이라면
무엇이든지
할 수 있다는 마음을 갖는다면
아무리 곤란한 일에 부딪히더라도
언젠가는 반드시 목표를 이룰 수 있다.

반대로 간단한 일도
자신에게 무리라고 생각한다면
두더지가 쌓아 올린 흙더미도
태산처럼 보이는 것이다.

_에밀 쿠에

긍정의
힘

긍정은 무한한 힘을 가지고 있다.
긍정적인 마음가짐은
영혼을 살찌우는 보약이다.

이러한 마음가짐은 우리에게
부, 성공, 즐거움과 건강을 가져다준다.

반대로 부정적인 마음가짐은
영혼의 질병이며 쓰레기다.

이는 부, 성공, 즐거움과 건강을 밀어내고
심지어 인생의 모든 것을 앗아간다.

_나폴레온 힐

할 수 있는 한
최선을 다하기

할 수 있는 한
최선을 다하라.
당신이 할 수 있는
모든 수단과
당신이 할 수 있는
모든 방법으로
당신이 할 수 있는
모든 장소에서
당신이 할 수 있는
모든 시간에
당신이 할 수 있는
모든 사람들에게
당신이 할 수 있는 한
오래오래,
할 수 있는 한 최선을 다 하라.

_존 웨슬러

있는 그대로
바라보라

사물을 있는 그대로 내버려두라. 그들에게 스스로 무게를 갖게 하라. 겨울날 아침, 단 하나의 사물이라도 있는 그대로 바라보는데 성공한다면 비록 그것이 나무에 매달린 얼어붙은 사과 한 개에 불과하더라도 얼마나 큰 성과인가. 나는 그것이 어슴푸레한 우주를 밝힐 것이라고 생각한다. 얼마나 막대한 부를 우리는 발견할 것인가.

열린 눈을 가질 때 우리의 시야가 자유로워질 때, 신은 우리 앞에 모습을 드러낸다. 필요하다면 신조차도 홀로 내버려두라. 신을 발견하고자 원한다면 그와 서로를 존중할 수 있는 거리를 두어야한다. 신을 발견하는 것은, 그를 만나러 가고 있을 때가 아니라 그를 홀로 남겨두고 돌아설 때이다.

감자를 썩지 않게 보존하는 방법에 대해 당신의 생각은 해마다 바뀔지도 모른다. 그러나 영혼이 썩지 않게 하는 방법에 대해서는 수행을 계속하는 일 외에 내가 배운 것은 없다.

_헨리 데이비드 소로

능동적인 자세와
효율적인 삶

인간의 삶은 식물과 같아서
여러 가지 영양분을
골고루 흡수해야만 성장할 수 있다.
그렇지 않으면 이 세상에 씨앗을 남기고
얼마 후에는 시들어버리는 식물과 같다.

하지만 우리가 식물과 다른 것이 있다면
자신의 청사진을 그려보고
능동적으로 바꿔나갈 수 있다는 점이다.

만일 식물의 수동적인 면만을 따르다 보면
일차원적인 목적밖에 이루지 못한다.
또한 자신에게 주어진 가능성을
효율적으로 이끌어내지 못한다.

현명한 사람이라면 미래에 대한 움직임 없이
현재의 틀 안에만 갇혀 있다가
더 크게 성장할 수 있는 시기를
결코 놓치지 않을 것이다.

_칸트

멋지게
열정을 바쳐라

열정이란 뜨거운 마음에서 온다. 무언가를 이루고 싶은 강렬한 욕망, 그 간절함이 열정의 불꽃을 피우게 한다. 모든 인생의 승리자들은 하나같이 열정의 전차이다. 가슴 가득 열정을 품고 자신의 꿈을 향해 달려가는 열정의 전차, 아 생각만으로도 멋지지 않은가.

"인생을 바꾸고 싶다면 즉시 시작하라. 그리고 최대한 화려하게 실행하라. 예외는 없다."

제임스 윌리엄스의 말이다. 그렇다. 지금의 내가 빛나는 내가 되기 위해서는 머뭇거려서는 안 된다. 마음먹은 일은 즉시 시도하고 이왕이면 멋지게 실행하라.

삶은 가만히 있는 자에겐 그 어떤 것도 주지 않는다. 날마다 뜨거운 가슴으로 오늘을 살아라. 그리하면 바라는 것을 분명 얻게 될 것이다.

_김옥림

가슴을 뛰게 하라,
가슴 뛰는 삶을 살자

가슴 뛰는 일을 하라. 그것이 당신이 이 세상에 온 이유이자 목적
이다. 그리고 그런 삶을 사는 것이 실제로 가능하다는 사실을 당신
은 깨달을 필요가 있다. 자신이 원하는 방향으로 삶을 이끌어가는
힘은 누구에게나 있다. 두려움을 믿는 사람은 자신의 삶도 두려움
으로 가득 차게 만든다.

사랑과 빛을 믿는 사람은 오직 사랑과 빛만을 체험한다. 당신이 체
험하는 물리적 현상은 당신이 무엇을 믿고 있는가에 따라 결정된
다. 자신의 삶을 사는 일, 충분히 자신의 모든 부분을 살아가는 일,
그리고 자기 존재가 이미 완전하다는 것을 깨닫는 일, 지금 당신에
게 필요한 것은 그것이다.

삶은 당신이 생각하는 것보다 훨씬 단순하다. 진정으로 가슴 뛰는
일을 하고 있다면 모든 것이 당신에게 주어질 것이다. 우주는 무의
미한 일을 창조하지 않기 때문이다. 당신이 가슴 뛰는 삶을 살 때 우
주는 그 일을 최대한 도와줄 것이다. 이것이 우주의 기본법칙이다.

_다릴 앙카

현실에 매이지 말고,
현실을 넘어서 가라

자신에게 주어진 현실을 극복하는 사람과 현실에 노예가 되는 사람의 차이는 어디에서 오는 걸까. 자신에게 주어진 현실을 극복하는 이들에겐 자신을 뛰어넘으려는 강한 의지가 밤하늘의 별처럼 번뜩인다. 그리고 한 치의 소홀함도 없이 자신을 넘어서기 위해 철저하게 노력한다.

하지만 자신의 현실에 잡혀 노예가 되어 이러지도 저러지도 못하는 이들에겐, 될 대로 되라는 자포자기의 의식이 강하게 깔려있다. 이런 사람들이 자신의 꿈을 이룬다는 것은 세상이 변한다고 해서 절대 일어나지 않는다. 이에 대해 마이클 코다는 다음과 같이 말했다.

"세상의 모습을 있는 그대로 받아들이되 그것을 뛰어 넘어야 한다."

마이클 코다의 말을 가슴에 새겨 자신을 뛰어 넘을 때 자신이 원하는 길을 갈 수 있는 것이다.

_김옥림

긍정적인 태도와
긍정적인 결과

우리의 삶은
우리에게 일어나는 일이 아니라
우리가 거기에
어떻게 반응하느냐에 따라 달라진다.

또 삶이 우리에게 주는 것이 아니라
우리가 삶에 갖는 태도에 따라 달라진다.

긍정적인 태도는
연쇄반응을 일으켜 긍정적인 생각과
긍정적인 사건, 긍정적인 결과를 가져온다.

그것은 촉매제와 같으며,
놀라운 결과를 일으키는 불꽃과 같다.

_매들린 렝글

세상에 극복할 수 없는
문제란 없다

아무런 걱정도, 문제도 없다면 인생이 얼마나 즐거울까?
누구나 한번쯤 이런 생각을 해보았을 것이다.
하지만 문제없는 인생이란 있을 수 없다. 이런 생각은 그저 환상에
지나지 않는다.

우리가 할 수 있는 최선은, 문제가 무엇인지 정확히 간파하고 그
상황을 개선할 수 있는 계획을 세운 다음 그대로 실천하는 것이다.
즉, 문제에 직면했을 때는 왜 그런 문제에 봉착하게 되었는지를 분
석하고 위기를 기회로 바꿀 수 있는 방법을 강구해야한다.
세상에 극복할 수 없는 문제란 없다.

_돈 에직

망설이지 말고
적극 시도하라

좀 더 적극적인 삶을 살지 못한 아쉬움을 안고 죽길 바라는 사람은 아무도 없다. 그런 관점에서 당신의 삶을 돌아보라. 위험을 감수할 자신이 없어 포기했던 일들에 대해 생각해보라. 직업을 바꾸거나 꿈을 좇거나, 누군가에게 마음을 열거나 혹은 진정한 자신을 찾는 일 등 저마다의 경험이 있을 것이다. 대학에서 풋볼 선수로 활약하던 한 학생이 어느 날 암이라는 진단을 받고는 이렇게 말했다.

"암에 걸릴 줄 알았더라면 시합에서 좀 더 최선을 다할 걸 그랬어요."

힘든 암 투병 과정이었지만 그는 주저하거나 망설이지 않고 적극적으로 자신의 삶에 최선을 다했고. 죽음 앞에서 어떠한 후회도 없었다.

우리는 모두 젖 먹던 힘까지 끌어 모아 최선을 다해서 인생을 살아야한다. '만약' 이나 '만일 그랬더라면' 이라는 말은 이제 그만 지워버려야겠다.

_바바라 골든

낙관론자는 어떤
흔들림도 이겨낸다

"낙관론자는 꿈이 이뤄질 거라고 믿고, 비관론자는 나쁜 꿈이 이뤄질 거라고 믿는다."

이는 마이클J. 겔브가 한 말이다.

사람은 누구나 때때로 흔들리며 산다. 고난에 흔들리고, 실패에 흔들리고, 시련에 흔들리고, 가난에 흔들리고, 사랑에 흔들리고 여러 가지 이유로 해서 거듭 흔들리면서 사는 게 인생이다.

그런데 낙관론자는 흔들리는 것을 두려워하지 않는다. 낙관적인 생각이 불안감을 마음으로부터 몰아내기 때문이다.

그러나 비관론자는 흔들림의 두려움에 빠져 충분히 극복할 수 있는 일도 못하게 된다. 다만 흔들림의 공포를 극복하지 못하고 실패한 인생으로 끝나게 된다.

꽃은 흔들리면서도 결코 쓰러지지 않는다. 폭풍을 견뎌 내서라도 기어코 꽃을 피운다. 꽃만큼도 못한 인생이 되느냐 안 되느냐는 자신에게 달린 문제이다.

흔들림을 이겨내라. 흔들리면서 사는 게 인생이다.

_김옥림

마음의 근육을
단련시켜라

자신을 진정으로
사랑하기 위해서는
자신의 능력으로 무엇인가에
최선의 노력을 다 해야 한다.

자신의 다리로
높은 곳, 즉 자신의 목표를 향해
걷지 않으면 안 된다.

하지만 그것은 고통이 따른다.
그러나 그것은
마음의 근육을 단련시키는 고통이다.

_프리드리히 니체

현실을 직시하는
일관성 있는 태도

하버드대학 교수이자 행복학 강연자인 탈벤 샤하르는 자신의 저서 〈하버드대 52주 행복연습〉에서 다음과 같이 말했다.

"한결같음이란 '하나로 통합된 상태, 또는 나뉘지 않은 상태'로 정의된다. 믿고 있는 것과 행동하는 것 사이에 갈등이나 차이가 없는 사람, 말과 행동 사이에 일관성이 있는 사람을 한결같다고 말할 수 있다."

탈벤 샤하르의 말이 의미하는 것은 시류에 휩쓸리지 않고 일관성 있는 자세를 유지하라는 것이다. 언행이 일치되는 사람은 그 어떤 상황에서도 결코 흔들리지 않고 자신이 원하는 것을 추구한다. 따라서 직장생활이며 사회생활에 있어 바른 주관을 갖는 연습이 필요하다. 자칫 하다보면 자신의 의지와는 상관없이 눈에 보이는 것을 따라가는 수가 있다. 그것이 때론 자신을 망치게 한다는 것을 알아야 한다.

자신이 무언가를 확실히 얻고 싶다면, 현실을 직시하고 일관성 있는 태도로 실천하라.

_김옥림

긍정적인 생각을
기르는 7가지

1. 24시간 동안 모든 일에 대해-일이든, 건강이든, 미래에 대해서든-희망을 갖고 낙관적으로 말하라.
2. 24시간 동안 희망에 대한 이야기를 했으면, 이것을 다시 일주일 동안 계속 해보라. 그렇게 하다보면 하루나 이틀은 그렇게 하는 것을 현실적으로 생각하게 된다. 그리고 일주일 전에 가졌던 생각이 잘못되었다는 것을 느끼게 될 것이다. 이것은 곧 긍정적인 생각을 갖게 됐다는 증거다.
3. 우리가 육체를 돌보듯 정신을 돌봐야 한다. 그리고 건강한 정신을 기르기 위해 건전한 사고의 양식을 공급하지 않으면 안 된다.
4. 건강한 정신을 기르기 위해서는 다양한 독서를 즐기고, 명상하라. 그리고 좋은 글은 밑줄을 긋고 몇 번이고 읽어 마음에 새겨라.
5. 긍정적인 생각을 가진 사람들의 리스트를 만들어라. 그리고 그들과 교제하고 이야기하고 듣고 배워라. 그리하면 긍정적인 힘이 길러진다.
6. 불필요한 논쟁을 피하라. 불필요한 논쟁은 에너지를 소멸시키는 주범이다.
7. 날마다 기도하라. 기도는 긍정적인 힘을 길러주는 좋은 마음의 양식이다.

_노만 V. 피일

공기인간

탈무드 형 인간의 가장 큰 특징은 공기인간(루프트 멘슈)이다. '공기인간'을 '루프트 멘슈'라고 하는데 이 말은 이디쉬어(동유럽 유대인들의 언어로 독일방언이라고 함)로 '루프트(공기)'와 '멘슈(인간)'의 합성어이다.

공기는 바늘구멍보다도 작은 틈만 있어도 어디든지 스며든다. 막힘이 없고, 거침이 없다. 틈만 있으면 그곳이 어디든 스며들어 자신의 존재를 드러내는 게 공기다. 또한 공기는 사람이든 동물이든 나무든 꽃이든 살아 있는 모든 것들에게 소중한 존재이다. 공기가 잠시라도 사라진다면 살아남을 생명체는 하나도 없다. 그만큼 공기는 절대적 가치를 지닌 존재이다.

공기인간이란 공기처럼 어디든지 적응할 수 있고, 누구에게든지 필요한 사람이란 뜻이다.

_김옥림

스스로를
부정하지 마라

정말로 능력이 부족하다면
무리하지 말고
깨끗이 단념하는 것이 옳다.

다만 이것은,
할 수 있는 모든 노력을 쏟아 자신이 가진
능력의 한계를 분명히 알았을 경우에 해당한다.

처음부터 아무것도 하지 않고
어차피 나에게는 불가능해라며
정색하는 것은 게으른 자들의 변명에 불과하다.

이는 자신의 가능성을
스스로 부정하는 어리석은 태도이다.

_논어

두려워하지 말고
적극 대처하라

어린 시절 자전거를 배울 때 일이 생각난다. 내가 자전거를 처음 배웠을 때는 초등학교 5학년 때로 기억한다. 그 때 나는 어른들이 타는 커다란 자전거를 짧은 다리로 끙끙대며 배웠다. 커다란 자전거는 작은 키의 어린이가 배우기엔 그리 만만치가 않았다. 하지만 나는 기를 쓰고 배웠다. 먼저 배운 친구들이 멋지게 타는 모습을 보니 도저히 자존심이 상해 그냥 있을 수가 없었다.

처음 얼마간은 뜻대로 되지 않았다. 생각 같아서는 잘 될 것 같았는데 막상해보니 그게 아니었다. 연신 커다란 자전거와 넘어졌다. 내 모습을 가만히 지켜보던 이웃에 사는 중학교 2학년 형이 말했다.

"옥림아, 겁먹지 마. 겁을 먹으니까 자꾸 넘어지는 거야. 넘어지는 것을 겁내면 배울 수 없어."

형의 말은 매우 정확했다. 사실 난 자전거를 배우려는 의욕은 대단했지만 자전거와 몇 번 넘어지고 나니 은근히 두려웠던 것이다. 그런데 그 형은 나의 약점을 잡아 낸 것이다.

"내가 잡아 줄 테니까, 겁먹지 마. 중심부터 잡는 연습을 하는 거야."

형은 이렇게 말하며 나를 안심시켰다. 내 뒤에 형이 있다는 생각을 하자 두려웠던 마음이 점차 없어졌다. 그렇게 수도 없이 반복한 끝에 나는 비로소 중심을 잡을 수 있었다. 중심을 잡게 되자 아무것도 아니었다. 그리고는 올라타는 연습을 했다. 자신감을 갖고 하자 놀라운 속도로 올라타게 되었다. 그것도 짧은 다리로 말이다.
드디어 자전거 타기의 도전은 끝났다. 그 후 나는 나보다 먼저 배운 친구들 보다도 더 빨리 달렸다.
난 그 때 알았다. 넘어지는 것을 두려워하면 아무것도 얻을 수 없다는 것을.

이런 깨달음을 얻은 후 나는 무엇을 하던 저돌적인 자세로 적극적으로 해냈다. 그래서일까, 나는 무슨 일이든 한 번 결정하면 신속하게 추진한다. 어차피 할 거 질질 끌 필요가 없기 때문이다. 그래서 난 망설이고 번복하고 질질 끄는 사람들을 보면 이해가 안 된다. 아니, 이해할 필요를 못 느낀다. 왜냐하면 그렇게 해서는 그 어떤 일도 제대로 해 낼 수 없다는 걸 잘 알기 때문이다.

_김옥림

부정적인 마음을
긍정적으로 바꾸기

자신의 마음을
찬찬히 들여다보면
평소 자각하지 못했던 마음과
마주하게 된다.

평소의 마음이 밝고 건강했다면,
또 다른 마음은 미래에 대한 불안과
올바르지 못한 충동으로
소용돌이치고 있다.

그러나 그것 역시 자신의 일면이다.
그리고 그러한 마음을
거짓 없이 솔직하게 받아들인다면
그것으로도 의미가 있다.

_괴테

자신이 원하는 것을
적극 실행하라

우리는 모두 원칙을 가지고 살아간다. 어떤 이들은 파괴적인 원칙에 따라 살고 또 어떤 이들은 생산적이고 성공적인 원칙에 따라 산다. 성공한 사람들이 쓴 글을 읽어보면 언제나 공통적인 조언을 찾을 수 있다.

'끈질기게 버텨라', '도움을 구하라', '자신의 꿈을 정의하고 그것을 따르라', '반드시 자신과 다른 사람들에게 의미가 있어야 한다', '시간이 얼마 남지 않았다고 생각하며 살라' 등 모두 비슷한 내용이다.

사실 그 원칙들을 읽고 실천하는 사람은 매우 드물다. 삶은 예전과 같이 그대로이고 그들은 변하지 않는 삶을 보며 그런 원칙들이 쓸모없다고 단정짓는다.

언제든지 성공의 원칙들을 접했다면 그것을 반드시 실행하라. 나는 그 중에서도 '끈질기게 버텨야 한다'는 것을 강조하고 싶다. 자신을 굳게 믿는다면 불가능은 절대 발생하지 않을 것이다. 혼자 힘으로 어려울 땐 주변 사람들을 귀찮게 해도 괜찮다. 먼 훗날 그들도 당신을 응원하는 지지자가 되어 있을 것이다.

_바바라 골든

무엇이든 긍정적으로
생각하고 바라보라

최근에 나는 한참 동안 숲 속을 산책하고 방금 돌아온 친구에게 무엇을 보았냐고 물어 본 적이 있다. 그녀는 "별로 특별한 게 없었어."하고 말했다. 한 시간 동안이나 숲 속을 산책하면서 아무것도 주목할 할 만한 것이 없다니 그럴 수가 있을까. 나는 스스로에게 물어보았다. 아무것도 볼 수가 없는 나는 단지 감촉을 통해서도 나를 흥미롭게 해주는 수많은 것을 발견한다. 나는 잎사귀 하나에서도 정교한 대칭미를 느낀다. 은빛 자작나무의 부드러운 표피를 사랑스러운 듯 어루만지기도 하고 소나무의 거칠고 울퉁불퉁한 나무껍질을 더듬어 보기도 한다.

때때로 이러한 모든 것들을 보고 싶은 열망에 내 가슴은 터질 것만 같다. 단지 감촉을 통해서도 이처럼 많은 기쁨을 얻을 수 있는데 볼 수만 있다면 얼마나 더 많은 아름다움을 발견할 수 있을까. 내일이면 눈이 멀지도 모른다는 생각으로 당신의 눈을 사용하라. 내일이면 귀가 멀게 될 사람처럼 음악을 감상하고, 새들의 노래 소리를 듣고, 오케스트라의 멋진 하모니를 음미하라. 내일이면 다시는 냄새도 맛도 느끼지 못하는 사람처럼 꽃들의 향기를 맡아보고, 온갖 음식을 한 스푼 두 스푼 맛보도록 하라.

_헬렌 켈러

삶의 비타민,
열정의 에너지

열정은 가득 품을수록 좋습니다.
가슴을 뜨겁게 하고
눈동자는 반짝반짝 빛나고
몸을 새털처럼 가볍게 하는 열정,
열정 없이 실행되는 것은 아무것도 없습니다.

열정의 에너지는
희망을 키우는 '삶의 비타민' 입니다.
열정을 기르기 위해서는
독서를 하고,
사색하고,
가끔씩 여행을 하고,
좋은 습관을 길러야 합니다.
그리고 항상 가슴속에 꿈을 품고 실천해야 합니다.
실천하지 않으면 아무것도 할 수 없습니다.

_김옥림

최선을 다하는
절대긍정

한 사람이 보석을 바다에 던져버렸다.
그러나 이내 후회를 하면서
보석을 되찾을 욕심에 국자로 물을 퍼내기 시작했다.
한참 뒤 바다의 신이 나타나 그에게 물었다.

"언제쯤이면 네 보석을 찾을 거라고 생각하느냐?"

그러자 그는 이렇게 말했다.

"이 바닷물을 전부 퍼내면 찾을 수 있다고 생각합니다."

그 대답을 들은 바다의 신은
보석을 건져다가 그 사람에게 주었다.
겉으로는 드러나는 결과 자체가
오직 우리의 의지로 인해 결정되는 것은 아니나,
끝까지 노력하는 자세는 우리의 몫에 달렸다.
그와 같은 자세로 노력할 때
우리는 적어도 그 노력에 상응하는
좋은 결과를 내면적으로 성취해낼 수 있다.

_톨스토이

오늘은 나의 것이라고,
말할 수 있는 사람

복 될지어다

외톨이가 되어도

오늘은 나의 것이라고

말할 수 있는 사람은

마음 편히

이렇게 말할 수 있는 사람은

내일은 최악의 날이라도 좋다,

나는 오늘을 다 살았으니.

_호라티우스

아침
식사

이 날을 보아라.
이거야 말로 생명, 생명의 생명이다.
이 짧은 행운에
그대의 모든 진실과 현실이 깃들어 있다.
성장의 환희,
행동의 영광,
성공의 화려함,
어제는 꿈에 불과하고
내일은 환상일 뿐
그러나 알차게 보낸 오늘은 어제를
행복한 꿈으로 만들고
내일을 희망에 찬 환상으로 만든다.
그러므로 이 날을 잘 보낼 지어다.
이것이 아침인사이다.

_캐리다사

생각 그 자체가
그 사람이다

사람은
자기가 자기를
생각하고 있는 대로의
존재가 아니라
생각
그 자체가
그 사람이다.

_노만 V. 필

행동과 감정은
동시에 움직인다

행동은
감정에 따르는 것처럼
생각되지만,
실제로 행동과 감정은
동시에 움직이는 것이다.

의지의 직접적인 지배에 있는 행동을
규제함으로써
우리는 의지의
직접적인 지배하에 있지 않은
감정을 간접적으로 규제할 수 있다.

_월리엄 제임스

자신의 잠재된 능력을
최대한 활용하라

우리들이
갖고 있는 가능성에 비하면
우리는 반쯤 눈뜬 상태에 있다.
우리는 육체 및 정신적인 자원의
극히 일부밖에 이용하지 않고 있다.

이것을 개괄적으로 말하면,
인간은
그의 한계에서 멀리 떨어진 곳에서
생활하고 있다는 말이다.

인간은 여러 가지 힘을 갖고 있지만,
대부분 그것을 이용하지 못한다.

_윌리엄 제임스

자기 자신을 발견하고,
자기 자신이 되라

만일 그대가 언덕 위에 소나무가 될 수 없다면,
골짜기의 땔감나무가 되라. 그러나
개천가의 가장 아름다운 나무가 되라.
관목이 되라, 만일 나무가 될 수 없다면,

만일 관목이 될 수 없다면, 작은 풀이 되라.
그리하여 거리를 더욱 아름답게 장식하라.
만일 그대가 꼬치고기가 될 수 없다면 농어가 되라.
그러나 호수에서 가장 잘 자라는 농어가.

우리는 모두 선장이 될 수 없다.
선원이 되는 자는 있을 것이다.
그러나 저마다 뭔가 할 일은 있다.
큰일도 있고, 작은 일도 있다.
그리고 그 일을 해야 하는 것은 누구나 마찬가지이다.
만일 그대가 큰 길이 될 수 없다면 작은 길이 되라.
만일 그대가 태양이 될 수 없다면 별이 되라.
실패와 성공은 양으로 헤아릴 수 없다.
무엇이 되던 가장 좋은 것이 되어라.

_더글러스 매록

견디는
힘

광안리대교를 화려하게
견디게 하는 것은
꼿꼿하게 바치고 선 교각이다.

부석사 무량수전을 고고하게
견디게 하는 것은
수백 년 묵은 싸리나무이다.

이 나라를 온갖 풍파에서
견디게 하는 것은
풀처럼 여리지만 강한 민중의 결집이다.

견딘다는 건 스스로를 지켜낸다는 것
견딘다는 건 홀로 자신을 세운다는 것
그리하여 견딘다는 것은 그 어떤 흔들림 앞에서도
결코 쓰러지지 않는다는 것이다.

견디는 힘이란
전 생애를 떠받치고 가는
눈빛 맑은 영혼의 푸른 당나귀이다.

_김옥림

무엇을 바라보는 가가
그 사람을 결정한다

형무소에서

두 사나이가

창밖을 내다보았다.

한 사람은

진흙탕을 보고,

또 한사람은 별을 보았다.

_셀마 톰슨

분별 있는 사람과
어리석은 사람

인생에서 가장 중요한 것은
이익을 자본화하지 않는 것이다.

그런 일은 바보도 할 수 있다.
참으로 중요한 것은
손실에서 이익을 올리는 것이다.

그러기 위해서는 지혜가 있어야 한다.
그것이
분별 있는 사람과
어리석은 사람의 차이다.

_월리엄 보리소

자기 연민에
빠지지 마라

스칸디나비아에는
'북풍이 북유럽의 해적을 만든다'
라는 속담이 있는데,
이것은 우리들의 생활에 대한
일종의 격려로 받아들일 수 있다.

안전하고 즐거운 생활과 안이한 환경이
인간을 선하고 행복하게 만든다는 생각은
어디서 온 것일까?

자기 연민에 빠진 인간은
푹신한 침대에 눕혀 놓아도
여전히 자기를 가엾게 생각할 것이다.

그러나 역사를 보아도 알 수 있지만,
인간이 자기 책임을 지고 일어서면
행복은 어떤 처지에 있는
사람에게나 찾아오는 법이다.

_하리 에머슨 포스틱

내일 일을
생각하라

가령,
군함이 격침되었다고 하자.
이것을 막을 수는 없다.

어제의 일로 골치를 썩이느니
내일의 일을 생각하는 것이
훨씬 효과적인 시간 이용법이다.

그리고 지나간 일에 대해
언제까지나 끙끙 앓아서는
도저히 몸을 지탱할 수 없다.

_어니스트 J. 킹

좋은 성과를
얻는 길

한 발짝 천천히 걸어도
목적지에 닿을 수 있다고 생각하지 마라.
한 발짝은 그 자체로써
가치가 있어야 한다.
커다란 성과는
조그만 가치가 모여 이루어지는 것이다.
알찬 성과를 얻으려면
한 발짝, 한 발짝
힘차고 충실하지 않으면 안 된다.

_단테

자신이 하는 일에
자신감을 가져라

마음을 가라앉힐 수만 있다면
어떤 일이라도
항상 정확하게 판단할 수 있다.

또 어떤 일에든 자신감을 갖고 임하면
이루지 못할 것이 없다.
그런데 대부분의 사람들은
들뜬 마음으로,
혹은 주눅이 들어
위축된 마음으로 일을 그르친다.

그런 자세로는 아무것도 이루지 못한 채
인생을 허비하기 십상이다.

_뤼신우

고뇌 없이
발전할 수 없다

만일 고뇌가 없다면 인간이 자기 자신의 경계를 알지 못할 것이다.
우리가 고뇌의 의의를 깊이 깨달아야 하는 이유가 여기에 있는 것
이다. 우리가 처한 모든 상황은 고뇌를 동반한다.

인간이 고뇌할 줄 안다는 것은 차라리 행복한 것이다.
도덕적으로 자신이 표준이하로 떨어지려고 한다는 사실을 느끼는
것은 고뇌이다.
또한 도덕적으로 표준이상으로 올라가려고 하는 욕심도 고뇌이다.
마찬가지로 한자리에 마냥 머물러 있으려는 태도도 고뇌이다.

양심의 가책이 곧 고뇌를 불러오는 것이다.
양심의 가책으로 인한 고뇌는
인간을 도덕적으로 전진하게 만드는 축복이다.
고뇌 속에서 정신적 성장에 대한 의의를 찾아야한다.
그러면 그대의 고뇌가 사라지고,
환희와 광명이 새벽하늘처럼 밝아올 것이다.
인간적 성장의 표적은 다름 아닌 고뇌이다.
고뇌 없는 생활은 발전할 수 없다.
고뇌는 성장을 불러오기 때문이다.

_스트라호프

지금
내 생애 가장 소중한 순간

대개의 사람들은 인생에서 가장 중요시 하기를
아직 가보지 못한 미래라고 말들 하곤 한다.

자기만의 빛나는 왕관을 꿈꾸고, 자신만의 화려한 드레스를 꿈꾼
다. 그러나 인생에 있어 가장 중요한 시기는 지금이다.

과거는 이미 흘러가 버린 강물과 같고,
미래는 불투명한 안개에 쌓인 풍광과 같은 것,
하지만 지금은 내가 확실하게 살아있는 현재이며,
스스로를 가장 분명하게 인식하는
뜨거운 피가 펄펄 살아있는 시기이다.

지금 후회 없이 사랑하고, 지금 충분히 행복하고,
지금 가장 하고 싶은 일에 열정을 바쳐라.
지금이란 순간은 그 얼마나 강렬한 뜨거움인가.

그 뜨거움을 온몸으로 받아들여라.
온 마음으로 활활 타올라
한줌의 재로 녹아지도록 지금을 살아라.

_김옥림

자신감을 늘
마음속에 품자

자신감이란 것은 늘
마음속에 자리 잡고 있는
사고방식에서 생기는 것이다.

패배를 생각한다면 아무래도 졌다는
생각이 들게 마련이다.

이와 반대로 항상 확신에 찬 생각을 갖고
이것을 지배적인 습관으로 만든다면,
어떤 곤란한 일이 일어나더라도
자기는 그것을 극복할 능력을 갖고 있다는
강한 확신을 갖게 된다.

자신감이 실제로
힘의 증가를 갖다 주는 것이다.

_노만 V. 필

필요를 충족시키는
사람이 되어라

무엇보다도
남에게 필요한 것을 알려주거나
창조시켜주고
그것을 충족시킬 줄 아는 사람은
전 세계 어디를 가더라도
여유만만하게 살 수 있을 것이다.
그러나
필요를 충족시킬 줄 모르는 사람은
고독하게 살게 될 것이다.

_오버스트리트

남의 입장에서
생각해 보라

성공의 비결이 하나 있다면

그것은

남의 입장에 설 줄 아는 수완이다.

그리고 당신 자신의 입장처럼

남의 입장을 이해한 다음

매사를 객관적으로 처리하는 것이다.

_헨리 포드

자기표현은
인간의 필수 조건

자기표현은
인간의 필수 조건이다.
우리는 이러한 원리를
왜,
사람에게 실행하지 않는가?

다른 사람이
무엇을 필요로 하는지를 알라.
다른 사람의
소원이 무엇인가를 알고
그것을 성취시키도록 도와주면
당신의 소원도 성취시킬 수 있다.

_윌리엄 윈터

습관은
힘이 세다

비즈니스에서 정상에 오르길
원하는 개인은
습관의 강력한 힘을 인정하고
버릇이 습관을
형성한다는 점을 이해해야 한다.

우리는 반드시 서둘러
낡은 습관을 깨뜨리고
서둘러 좋은 버릇을 채택해야한다.

원하는 성공을 성취하도록 돕는
'습관' 으로 변모할 그런 버릇들 말이다.

_J. 폴 게티

생산적인 습관

습관은 동아줄과 같다.
한 올 한 올
날마다 엮다보면
결국 끊지 못하게 된다.

따라서
우리는 훌륭하고 긍정적이며
생산적인 습관을 형성해야 한다.

_호레이스 만

칸트의
참 좋은 습관

독일의 철학자로 서유럽 근세 철학의 대가이며 〈순수이성비판^{Kritik} der reinen Vernunft〉, 〈실천이성비판^{Kritik der praktischen Vernunft}〉으로 유명한 임마누엘 칸트를 보자.

그는 어려서부터 규칙적인 생활을 몸소 실천했고, 그의 그런 습관은 일생을 살아가는 동안 한 번도 흐트러져 본 적이 없다고 한다. 그가 산책을 하거나 볼일을 볼 때면 사람들은 시계를 보지 않아도 시간을 알 수 있었다.

그가 이처럼 자기관리에 철저할 수 있었던 것은 어린 시절 청교도인 어머니의 경건한 생활 속에서 감화를 받으며 자랐기 때문이다. 그의 철저한 규칙적인 생활은 경건한 생활 속에서 자연스럽게 몸에 밴 습관이라고 할 수 있다. 특히, 철학이라는 심오한 학문은 많은 책을 읽어야하고, 거듭된 연구를 해야 하는데 그러기위해서는 많은 인내가 요구된다. 몸에 밴 그의 규칙적인 습관은 그가 철학을 공부하는데 많은 도움을 주었다.

칸트가 이룩한 철학자로서의 업적의 힘은 그의 규칙적인 생활습관에 있다. 그는 늘 시간과의 싸움에서 그 시간을 조절하는 데 익숙해져 있었다. 그의 철저한 시간 관리는 그를 인생의 승자로 만들었던 것이다.

_김옥림

습관의 힘

1

일상적인 사람들은 일상적인 사람들에게
보통 호감을 갖지 않는다.
그리고 그 반대이기도 하다.
일상적인 사람들은 사람들이
그들을 이상하다고 생각하는 것을 이상하다고 생각한다.
그러면 이미 그들은 일상적인 사람들이 더 이상 아니다.
그리고 그 반대이기도하다.

2

사람들의 모든 것에 익숙해지는 것에
사람들은 익숙해져 있다.
사람들은 그것을 으레 일종의 학습과정이라고 한다.

3

몸에 밴 고통이 사라지면 고통스럽다.
 남이 깨울 때 생기는 감정은 남이 깨웠다는 것
때문에 얼마나 힘든가!
단순한 인간은
예를 들면 단순한 사람인 것을 어렵게 생각한다.
반대로 복잡한 인간은 그들의 어려움을 토로한다.
믿음 있는 척 하는 여자가 묵주를 부담스러워 하듯

어디서나 이미 끝난 이런 영원한 초보자들이 있다.
증오도 또한 일종의 사랑스런 습관이다.

4
아직 한 번도 존재하지 않은 것에
우리는 익숙하다.
아직 한 번도 있지 않았던 것이 바로
습관의 권리가 된다.
습관성 동물은 익숙해진 구석에서
바로 습관성 범죄자를 만난다.
그것은 전대미문의 사건이다.
늘 만나는 재미없는 것들,
고전주의자들은 그런 것에서
소설을 만드는 것에 익숙했었다.

5
조용히 힘의 습관이
습관의 힘에서 쉬고 있다.

_한스 마그누스 엔첸스베르거

완벽은
습관에서 온다

우리가

습관적으로 하는 일들이

우리가 어떤 사람인지를

결정한다.

완벽이란 한 번의 행위가 아니라

일종의 습관이다.

_아리스토텔레스

오늘과 다른 나를 위한
성공과 실패의 말

미친 사람,
미치지 않은 사람

자신이 좋아하는 일, 꼭 해 보고 싶은 일이 있다면 한번쯤은 미친 사람 소리를 들어도 좋다. 그것은 자신의 열정을 쏟아 부었다는 것을 의미하기 때문이다. 자신의 인생에서 미치도록 해보고 싶은 일이 있다는 것은 자신의 의식이 투명하게 살아 있다는 것을 의미한다. 그러나 미치도록 해보고 싶은 생각이 들지 않는다면 이는 매우 불행한 일이다. 그것은 자신의 의식이 불투명하거나 죽어 있음을 뜻하기 때문이다.

자신의 꿈을 이루고 살았던 사람들이나 살고 있는 사람들은 미치도록 미친 사람들이다. 그 어떤 성공도 미치도록 하지 않으면 불가능하기 때문이다. 그런데 미치지도 않고 미치도록 미쳤던 사람들의 삶을 살고 싶어 한다면 그것은 도둑의 심보와 다름없다. 어떻게 미치도록 해보지도 않고, 미치도록 미쳤던 사람들의 삶을 살기 바란단 말인가. 자신의 의식이 살아있는 사람이라면 이런 생각부터 마음에서 뽑아 버려야한다. 그렇지 않으면 자신이 원하는 것을 손에 넣는 기쁨을 누린다는 것은 절대 불가능하다.

_김옥림

성공이란

자주 그리고 많이 웃는 것.
현명한 삶들로부터 존경받는 것.
아이들의 호감을 사는 것.
솔직한 비평가들의 인정을 받는 것.
미덥지 못한 친구들의 배반을 참아내는 것.
아름다움을 식별할 줄 아는 것.
다른 사람에게서 최선의 것을 발견하는 것.

건강한 아이를 낳든
한 뙈기의 정원을 가꾸든,
사회 환경을 개선하든 간에
세상을, 자기가 태어나기 전보다
조금이라도 더 살기 좋은 곳으로 만드는 것.

자신이 살았었기에
단 한 사람이라도 좀 더
마음 놓고 살아간다는 사실을 아는 것.

이것이 성공이다.

_랠프 왈도 에머슨

참다운
성공

참다운 성공이란 자기 자신에게
부끄러움이 없는 삶을 사는 것이다.

많은 부를 축적했던,
높은 자리에 올랐더라도
자신에게 부끄러움을 갖는다면
그것은 성공이 아니라
성공의 그림자일 뿐이다.

그러나 아무리 가난하고 보잘것없는
지위에 있더라도
자신에게 부끄럽지 않다면 그것이야말로
성공적인 삶인 것이다.
즉, 참다운 성공은 자신이 만족하는 삶이다.

_김옥림

성공적인
인생

누군가의 영혼 속에 오래 남겨지는 사람이 되어야 한다. 살아가는 동안 무수히 많은 사람들 중에 누군가의 영혼 속에 특별한 존재로 기억되어지는 것처럼 행복한 일은 없다.

영혼을 아낌없이 다 주어버려도, 내가 지닌 모든 것을 송두리째 주어도 기쁨으로 남는 생애란 그 얼마나 눈부신 목숨인가. 하루하루 그 누군가를 기억하며 즐거움의 콧노래를 부르며 부끄럼 없이 사는 일처럼 감사한 일이 또 어디 있을까.

나를 살고 나를 남기고 떠나되 그 누군가의 기억 속에 나를 길이 남기고 떠나는 그대가 되라. 누군가의 까만 눈망울 속에 오래도록 지워지지 않고, 평생토록 따뜻한 마음의 불꽃을 피우는 그대가 되라. 이런 생이야말로 가장 성공적인 인생이다.

_김옥림

카네기의
성공금언

1. 많이 구하면 많이 얻을 것이다. 많이 일하면 더 큰 것을 얻을
   것이다.
2. 책임자에게 적은 월급을 주는 대신 주식으로 지불할 수 있는
   거액의 특전을 준다.
3. 큰 이익을 얻으려면 품질 좋은 기계로 대량생산주의를 구축한
   다. 모든 직원에게 많은 월급을 주고, 생산원가를 싸게 한다.
4. 기계와 약품 같은 비품을 소중히 여긴다.
5. 매일 업무 결과를 보고받는다.
6. 돌발 상황에 대해 항상 대비한다. 소문과 비평에 흥분하지 않
   고 절대 흔들리지 않는다.
7. 수익금은 재투자한다.
8. 스스로 노력하지 않는 자를 돕는 것은 무익한 일이다. 스스로
   노력하는 자를 도울 것이다.
9. 재산을 얻는 것만으로는 가치가 없다. 그것을 뜻있게 쓰는 것
   이 가치를 극대화 시키는 것이다.
10. 사업은 고상하고 진지한 기쁨이다. 그것은 평화와 이상과 같다.
11. 사치는 개인을 망치고 인류를 망치게 하는 요인이다.
12. 모방하지 말고 창조하라. 그리고 남보다 앞서나가라.
13. 남에게 끌려 다니는 월급쟁이 근성을 가진 사람은 성공할 수
    없다.
14. 고용되어 회사를 위해 일하는 것이나 자신의 사업을 위해 일하

는 것은 마찬가지다.

15. 깊이 생각할 줄 모르거나 과단성 없는 자는 성공할 수 없다.

16. 저축하라. 성공을 이끄는 것은 저축이다. 저축하지 않으면 성공할 수 없다.

17. 하고자 하는 일은 시작하기 전에 충분히 검토하라.

18. 강인한 신념과 큰 이상을 가져라.

19. 믿는 일, 하고자 하는 일은 자신 있게 하라. 도중에 절대 포기하지 말고 성공할 때 까지 밀고 나가라.

20. 노력하지 않는 자를 돕는 것은 죄악이다.

_앤드류 카네기

성공의 원천,
자신감을 갖자

자기 자신을 믿어라.
자기의 재능을 신뢰하라.

자기 힘에 능력에 대한 겸손하고도
확고한 자신이 없으면
성공할 수도 없고 행복해질 수도 없다.

자신감이야 말로
성공의 원천인 것이다.

열등감이나 무능감은
희망을 달성하는 데 방해가 되지만,
자신감은 자기의 능력을 발휘하고
희망을 이루게 해 준다.

_노만 V. 필

인간의 능력은
무궁무진하다

인간은 감정적으로 심한 고통도 견뎌낼 수 있는 능력이 있다.
심지어는 그 속에서 의미를 찾아내기도 한다.
인류 역사에 걸쳐 수많은 사람들이 엄청난 역경을 견뎌냈다.
그러나 여전히 오늘날의 문화는 우리에게 비극은 절대 일어나선
안 된다는 식으로 가르친다.
다들 아무 탈 없이 인생을 살아갈 거라고 기대하고 정말 참혹한 일
이 닥치면 실패했다고 여기는 것이다.

그러나 이는 분명 가능한 시나리오이다.
이 시나리오를 앞에 두고 무방비 상태의 나약해진 기분을 느껴보
자.
물론 최악의 사태가 터진다면 즉시 그걸 극복해내지는 못할 것이
다.
어쩌면 그로 인해 삶이 영원히 이전의 모습으로 돌아가지 못할 수
도 있다.
하지만 인간에게는 지금으로선 상상도 못할 정도로 꿋꿋하게 새로
이 의미 있는 삶을 꾸려나갈 수 있는 능력이 있다.

_홀리 해즐렛 스티븐스

성공하고 싶다면
자기만의 원칙을 세워라

원칙은 흔들리는 삶을 잡아주는 '인생의 추'이다.
그래서 원칙에 따라 생각하고 행동으로 옮기면 실수가 적은 법이
다.

그런데 원칙 없이 기분 내키는 대로 사는 사람들이 있다.
이런 사람들은 감정에 치우쳐 실수를 밥 먹듯 하고, 타인에게 불쾌
감을 준다.
자신의 삶을 잘 사는 사람들에겐 자신만의 원칙이 있음을 알 수 있
다.
원칙은 그들이 성공한 인물이 되는데 있어 삶의 중심축인 것이다.

이십대들이여, 그대도 흔들리는 삶을 잡고 성공한 인물이 되고 싶
다면 자신만의 원칙을 세워라.
그리고 원칙에 따라 생각하고 행동하라.

_김옥림

좀 더 즐겨라,
좀 덜 노력하라

인생에서 성공하기 위해서는
좀 더 노력하고
좀 덜 즐겨야한다고 사람들은 말한다.

그러나 원하는 일을 하거나
놀며 시간을 보내는 것이
바쁘게 일만하는 것보다
차라리 나은 경우가 많다.

우리가 가진 것은 결국 시간뿐이다.
귀중한 시간을 기계적인 일과
형식적인 작업을 하는 데만 쓰는 것은
불행한 일이 아닐까.

성공에만 지나치게 매달리지 말라.
그러한 집착 때문에 되레 몰락할 위험이 있다.

_발타자르 그라시안

진정한 성공의
가치란 무엇인가

정도에서 벗어나는 것은 자신의 삶에 치명적인 오류를 불러온다. 하지만 자신의 뜻을 이루기 위해 간과 쓸개를 빼주는 것은 일종의 처세술이다. 성공한 사람들 중에 이런 마인드를 가진 사람이 의외로 많다. 그런데 그들은 성공 뒤에는 반드시 자신이 받은 것 중 일부를 사회에 되돌려주었다.

그러나 그 반면에 자신의 것을 자신만의 것이라고 여기는 사람들이 몇 배는 더 많다. 물론 자신이 이룬 것이니 당연하다는 생각이다. 하지만 이런 마인드는 진정한 성공의 가치와는 거리감이 있다. 모든 성공 뒤에는 성공하는데 있어 배경이 되어준 것들이 있다. 이 것을 잊어서는 안 될 것이다.

성공한 사람들은 늘 공부하고, 실패를 두려워하지 않았으며, 길이 아니면 가지 않았다. 또한 확고한 신념과 자신만의 아이디어를 갖고 있었다.

어떤 성공도 그냥 이루어지는 것은 없다. 거기에는 그만한 대가가 주어져야 한다. 모든 성공은 성공의 대가를 치루고 얻어낸 결과물인 것이다.

_김옥림

성공을
못하는 이유

사람은 누구나 성공하고 싶어 한다.
어떤 사람에겐
그것이 하나의 병처럼 되어서
자나 깨나 염두에서 떠나지 않는다.

그러나 성공하는 것은
그렇게 어려운 것만은 아니다.

다만,
그 방법을
그르치기 때문에 성공을 못하는 것이다.

_동양 명언

성공의
기원

만약 여러분이 인생에 있어서

성공하기를 바라거든

굳게 참아서

마음에 흔들림이 없는

것을 벗으로 삼고,

경험을 현명한 조언자로 하며,

주의력을 형으로 삼고,

희망을 수호신으로 삼아 실행하라.

_에디슨

성공하고 싶다면
상상하고 믿어라

무슨 일을 할 때
반드시 된다고 믿고 실행하는 것은 매우 중요하다.
아무리 상상력이 뛰어나고 계획이 훌륭하다고 해도
그것을 이루겠다는 믿음이 없이는 절대로 해 낼 수 없다.

"상상력은 삶의 핵심이다. 다가올 미래의 시사회다."

20세기 최고의 물리학자 아인슈타인의 말이다.
아인슈타인 말처럼
상상력은 인간의 삶을 변화시키는 핵심이며
미래로 나아가는 길라잡이다.

성공하고 싶은가.
그렇다면 끊임없이 상상하라.
그리고 자신을 믿고 끝까지 실행하라.

_김옥림

성공 이후가
더욱 더 중요하다

세상에는 성공하기를
바라는 사람으로 가득하다.

그러나 많은 사람 가운데 일단 성공하는 날,
그 성공으로써 어떻게 할 것인가를
배우고 연구하려는 사람이 많지 않다.

만약 자기의 성공으로써
어떻게 하겠다는 것을
연구하고 배우지 못한다면,
그 사람은 성공을 한다 해도
결국은 권태의 제물이 되고 말 것이다.

_러셀

성공은 시간을
잘 쓰는 자를 좋아한다

"같이 출발하였는데 세월이 지난 뒤에 보면 어떤 사람은 성공하고 어떤 사람은 낙오자가 되어 있다. 이 두 사람의 거리는 좀처럼 접근할 수 없는 것이 되어 버렸다. 이는 하루하루 주어진 자신의 시간을 잘 활용했느냐 못했느냐에 달린 결과이다."

벤저민 프랭클린의 말이다.

그렇다. 정곡을 찌르는 정문일침과도 같다. 즉, 시간 사용을 잘 하라는 말이다. 작은 성공이든 큰 성공이든 성공한 자들은 시간을 허투루 쓰는 것을 용납하지 않았다. 그것은 자신의 인생을 망치는 일이라고 믿었다.

시간을 금쪽 같이 여겨라. 시간을 잘 쓰는 자에게 더 많은 기회가 주어진다는 것을 잊지 마라.

_김옥림

꾸준히 노력하기

꾸준히 노력을 통해 성공을 쌓는 사람이
마침내 가장 큰 성공을 거둔다.

그런 사람은 조심스럽게 한 걸음씩
앞으로 나아가며 점점 더 마음을 넓히고
어떤 주제나 상황이든
점진적으로 더 잘 이해할 수 있게 된다.

또한,
쓸모가 있다고 인식하는 것은
끝까지 고집하고 사고를 그것에 집중시킨다.

_알렉산더 그레이엄 벨

성공한 인생은
오늘을 아낌없이 살았다

영국 옥스퍼드 대학의 교수였던 러스킨은 자신의 책상위에 '오늘'
이란 글자를 새긴 돌을 놓아두고, 날마다 오늘을 소중히 여기자며
스스로를 격려하였다고 한다.

또한 세계 최고의 의과대학인 미국 존스 홉킨스대학을 설립하고,
영국의사로서 최고의 영예인 옥스퍼드대학의 명예교수가 된 윌리
엄 오슬러는 언제나 수염을 깎을 때마다 인도의 희곡작가 캐리다
사의 시를 들여다보았다고 한다.

이 날을 보라!
이거야 말로 생명, 생명의 생명이다.
이 짧은 행운에
그대의 모든 진실과 현실이 깃들어 있다.
성장의 환희,
행동의 영광,
성공의 화려함,
어제는 꿈에 불과하고
내일은 환상일 뿐,
그러나 알차게 보낸 오늘은 어제를 행복한 꿈으로 만들고
내일을 희망에 찬 환상으로 만든다.
그러므로 오늘을 잘 보내야한다.

이것이 아침 인사이다.

이는 〈아침 식사〉라는 시이다.
오슬러는 오늘을 매우 중요하게 여겼고, 매일 아침 마다 먹는 식사
는 생명이라며 매우 소중하게 생각했음을 알 수 있다. 아침 식사는
오늘을 열심히 살아가게 하는 에너지가 되어주기 때문이다.

러스킨도 오슬러도 오늘을 열정적으로 보냈기에 자신의 꿈을 이루
고, 가치 있는 인생으로 영원히 남을 수 있었던 것이다.

_김옥림

경험은 성공의
참 좋은 자양분이다

어떤 여인이 있었다. 그녀는 무려 10년 동안이나 걸려 한 편의 소
설을 탈고하였다. 그녀는 수십 군데가 넘는 출판사에 원고를 보냈
으나 그녀의 소설을 내주겠다는 출판사는 없었다. 그녀는 무명작
가였던 것이다. 하지만 그녀는 실망하지 않았다. 언젠가는 자신의
가치를 알아줄 것이라고 믿었다.

그러던 어느 날 그녀의 책을 내주겠다는 출판사로부터 연락이 왔
다. 그렇게 해서 그녀의 소설이 세상 빛을 보게 되었다.
그리고 놀라운 일이 벌어졌다. 그녀의 소설이 날개 돋친 듯이 팔려
나갔던 것이다. 그녀의 소설은 영화가 되어 전 세계에 수출되었고,
제 12회 아카데미 시상식에서 무려 8개부분에서 수상하는 기록을
세웠다.

그녀의 이름은 마가렛 미첼이고 소설은 〈바람과 함께 사라지다〉이다.

미첼의 소설이 성공할 수 있었던 것은 그녀의 경험이 잘 녹아 있었
기 때문이다. 이렇듯 경험은 사람들에게 공감을 불러일으키는 좋
은 성공요소이다.

_김옥림

성공의 필수요소
소통능력을 길러라

다음은 하버드 대학 교수인 윌리엄 유리의 '상대와의 소통을 유리하게 이끄는 8가지 방법'이다.

첫째, 의구심으로 상대방의 의도를 추측하지 말아야 한다.
둘째, 서로의 사고방식에 대해 상의해야 한다.
셋째, 자신의 문제를 상대방 탓으로 돌리지 말아야 한다.
넷째, 상대방의 체면을 깎아내리지 말아야 한다.
다섯째, 상대방에게 자신의 감정을 발산하는 기회를 주어야 한다.
여섯째, 상대방의 말을 적극적으로 듣고 친절한 태도를 보여야 한다.
일곱째, 상대방이 이해할 수 있도록 말해야 한다.
여덟째, 상대방이 아니라 문제에 대해 맞서야 한다.

윌리엄 유리가 제시하는 8가지 소통법만 몸에 확실히 익힐 수 있다면 상대방의 마음을 사는 일은 어렵지 않을 것이다. 우리 주변에서 보면 실력이 출중한 사람 가운데 직장생활에 적응을 하지 못하고 그만두는 경우를 종종 보게 된다. 그런데 그 원인이 놀랍게도 직장 상사와 동료 사이에 소통이 원활하지 못해서이다.

소통은 대인관계에 있어 그 어떤 조건보다도 중요하다. 소통은 인간관계의 동맥과도 같다. 동맥이 막히면 뇌졸중이나 심근경색으로 목숨이 위태롭듯 타인과의 소통이 막히면 삶의 심근경색으로 불행한 인생이 될 수 있음을 유념해야 할 것이다. 소통을 잘하고 행복하고 성공적인 삶을 살고 싶다면 자신의 생각을 조금만 바꾸면 된다. 물론 자신의 생각을 바꾸지 않는 한 어려운 일이 될 수도 있지만, 마음만 먹으면 식은 죽 먹기보다도 쉬운 일이다.

인간관계에서 성공적인 결과를 낳고 싶은가? 그렇다면 상대의 마음을 사는 일에 열중하라. 상대의 마음을 사는 일처럼 바람직한 소통은 없다.

_김옥림

오늘

자, 여기 오늘도 또 한 번
푸른 날이 밝았다.
생각하라 네 어찌 이 날을
헛되이 보내려 하느냐.

영원으로부터
이 새 날은 비롯되어
영원 속으로
밤이 되면 돌아가거늘

일찍이 이 날을
미리 본 눈이 없었고
어느새 영원히
모든 눈으로부터 사라진다.

이제 여기 또 다시
푸른 날이 밝았다
생각하라, 네 어찌 이 날을
헛되이 보내려 하느냐.

_칼라일

성공을 위해서는
꾸준히 공부해야 한다

"가장 많은 것을 알고 있는 사람이 인생에서 가장 크게 성공한다."

이는 양국의 수상을 지낸 벤저민 디즈레일리가 한 말이다. 그의 주장처럼 가장 많이 안다는 것은 가장 성공할 조건을 갖추었다고 해도 과언이 아니다. 벤저민 디즈레일리는 이 점을 너무도 잘 알고 있었다.

그렇다면 가장 많이 알려면 어떻게 해야 할까?

멈추지 말고 꾸준히 공부해야 한다. 공부하지 않는데 절로 알아지는 것은 아무것도 없다. 신문기사 단 한 줄이라도 읽어야 아는 체라도 할 수 있지, 그렇지 않으면 아무 것도 모르는 꽉 막힌 사람이 되고 만다.

"어느 분야에서든 성공을 위한 최소한의 기본 조건이 있다면, 그것은 바로 지속적인 학습이다."

이는 데니스 웨이틀리가 한 말이다. 그의 말의 요지는 지속적으로 학습해야 성공을 위한 최소한의 기본 조건을 갖출 수 있다는 것이다. 즉, 많이 알도록 꾸준히 공부해야 성공의 조건을 갖게 된다는 말이다.

_김옥림

패배의
마음을 버리기

자신이 만일
패배의 마음을 갖고 있다면
그 마음을 자신으로부터
뿌리 뽑아야 한다.

패배를 생각하면
패배를 하기 때문이다.

그러므로
패배를 믿지 않는 태도를 가져야 한다.

_노만 V. 피일

실패에
집착하지 않기

두려움이 아닌
희망과 꿈의 조언을 구하라.

좌절에 대해 생각하지 말고
채워지지 않는
잠재력에 대해 생각하라.

시도했다가 실패한 것에 집착하지 말고
여전히 가능한 것에 관심을 기우려라.

_교황 요한 23세

마이클 조던의 성공비법

나는 농구를 시작한 이후로
9,000번 이상 슛을 놓쳤고,
약 300번의 패배를 했다.

승패를 결정하는
슛을 놓친 경우도 26번이나 된다.

나는 인생에서
수없이 반복하며 실패하였다.
그런데 그것이 내가 성공한 이유이다.

_마이클 조던

친절이 몸에 밴 사람은
성공할 수밖에 없다

삶을 성공적으로 산 이들 가운데는 친절하고 성실한 사람들이 많다. 최고 CEO이면서도 직원들의 이름을 기억했다 친숙하게 불러주었던 헨리 포드, 맨주먹으로 전설적인 백화점 왕이 된 존 워너메이커 등은 친절의 대명사로 불린다.

자신들을 따뜻하게 대해주는 헨리 포드를 위해 직원들은 최선을 다해 일했다. 그 결과 포드는 인류사에 길이 남는 기업가가 되었다.

또한 고객을 자기 몸처럼 대하고, 직원들의 잘못을 솔선수범함으로써 깨우치게 했던 워너메이커의 친절한 행동은 그를 최고의 백화점 왕이 되게 했던 것이다.

이렇듯 친절은 '무형의 자산' 이다. 친절은 돈으로도 살 수 없고 그 어떤 것으로도 살 수 없다. 친절은 오직 친절한 말씨와 행동에서 오는 것이다.

"친절한 마음가짐의 원리, 타인에 대한 존경은 처세법의 제일 조건이다."

이는 아미엘이 한 말이다. 아미엘의 말처럼 친절은 바람직한 처세의 조건이며 감동의 조건이다.

친절한 말씨, 친절한 행동은 누구에게나 감동을 준다. 그래서 친절한 사람이 많은 세상이 밝고 행복하다.

_김옥림

평범한 그러나
당연한 성공의 비책

성공을 하려거든
남을 밀어 젖히지 말고
또,
자기 힘을 측량해서
무리하지 말며
자기가 뜻한 일에는
한 눈 팔지 말고 묵묵히 나가야한다.
평범하나마 이것이 곧
성공이 튀어나오는 요술 주머니다.

_벤저민 프랭클린

변하지 않는
성공의 비결

한 마리의 개미가
한 알의
보리를 물고 담벼락을 오르다가
예순 아홉 번 떨어지더니,
일흔 번째에 목적을 달성하는 것을 보고
용기를 회복하여
드디어 적과 싸워 이긴
옛날의 영웅의 이야기가 있는데
이것은 천고에 걸쳐서
변치 않는 성공의 비결이다.

_스콧

가장 확실한
성공의 무기란 인내다

시간표가 없는
버스 정류장에서 버스를 기다리는 것이다.
언젠가 올 것이라는
기대를 가지고 참을성 있게 기다려도
버스가 온다는 보장은 어디에도 없다.

어쩌면 노선이 폐지되었을지도 모르는 불안감이
마음속에 솟아오르기 시작한다.
그러면 대부분의 사람들은 기다리는 것을 포기하고,
성공이라는 버스가 오는 정류장을 떠나 버린다.
그러나 참을성 있게 기다리면
반드시 성공이라는 버스는 온다.

성공을 붙잡지 못하는 사람이 가지지 못한 것은
재능이 아니라 인내력인 것이다.

_고다마 미쓰오

성공은 절망과
좌절의 반복에서 온다

어느 경우든
성공을 거둘 때까지의 인생은
절망과 좌절의 반복에서 온다.

일시적인 패배에서 모든 것을 단념하기란
매우 간단한 일이며,
더욱이 좌절에 그럴듯한 변명을 하는 것은
그다지 어렵지 않다.

대부분의 사람이 일시적인 실패로
곧 소망을 포기하고 마는 것이다.
성공한 미국인에 드는 500명이 들려준
이야기의 공통점은 '위대한 성공이라는 것은
사람들이 패배의 투구를 벗은 시점에서
불과 얼마 지나지 않았을 때 찾아온다' 라는 것이다.

실패는 마치 사기꾼처럼 교활하고 약다.
성공이 가까이 왔을 때 우리에게 필요한 것은
이 사기꾼에게 현혹되지 않는 명민한 지혜다.

_나폴레온 힐

모든 것은
마음먹기에 달렸다

마음은

자신의 터전이다.

그 안에서

지옥에 천국을

천국에 지옥을

만들 수 있다.

_존 밀턴

자신을 믿는 것이
자신을 복되게 한다

정치적 승리, 땅값 인상,
병자의 회복,
장기간 떠나있던 친구의 귀환,
그 밖에 외부에서 일어난 일은
인간의 정신을 고무시켜
장래의 행복을 예상케 한다.

하지만 그것을 믿어서는 안 된다.
참으로 인간에게 평화를 가져다주는 것은
자기 자신밖에 없기 때문이다.

_랠프 왈도 에머슨

목표를 이루는데 필요한 7가지의 원칙

1. 당신이 원하는 것을 정확히 파악하라.

2. 당신이 원하는 것을 종이에 써라.

3. 목표를 성취하는데 필요한 부가적인 지식, 기술, 능력 등이 무엇인지 파악하고 그것들을 어떤 식으로 획득할 것인지 결정하라.

4. 목표를 성취하는 과정에서 예상되는 어려움과 장애를 파악하고 그것들을 어려움의 정도와 중요성에 따라 정리해보라.

5. 당신에게 도움을 줄 수 있는 사람, 단체, 조직 등을 파악하고 그들에게 도움을 얻으려면 당신이 어떻게 해야 하는지 결정하라.

6. 우선순위와 중요도에 따라 정리한 상세한 계획표를 만들어라.

7. 계획을 즉시 실천에 옮겨라.

_브라이언 트레이시

성공을 위한
12가지 지침서

1. 절대 좌절하지 마라.
인생은 7전 8기의 모험이다.

2. 모든 문제는 스스로 처리하라.
뜻이 있는 곳에 길이 있다.

3. 냉정하고 여유를 가져라.
인생은 단거리 경주가 아니다.

4. 왜 사는가, 이유를 분명히 알라.
인생관을 분명히 하라.

5. 끝까지 자신을 가져라.
인생이라는 배의 선장은 자기 자신이다.

6. 무엇이든 하면 된다.
세상에 불가능은 없다.

7. 마음의 근심을 완전히 제거하라.
근심은 저항력을 약화시킨다.

8. 기적을 일으켜라.

기적은 있으므로 스스로 일으켜라.

9. 앞을 보고 살라.

걷는 자만이 앞으로 갈 수 있다.

10. 꿈에라도 실패는 생각지 마라.

부정적인 생각은 암적인 존재이다.

11. 마음속에 광맥, 잠재의식을 활용하라.

인간은 무한한 광맥을 갖고 있다.

12. 정상을 노려라.

성공이란 성취욕의 연속이다.

_간디

성공한
사람들의 특징

매력적이고 현실적인 목표를 갖고 있다.
오늘의 자신, 지금의 자신을 출발점으로 한다.
타인과 비교하지 않는다.
적극적이고 낙천적이며, 정열적인 사고를 갖는다.
창조적인 상상력을 적극적으로 활용한다.

현재의 일을 마지막 일이라고 생각하고 몰입한다.
자신만의 독특한 매력을 갖고 있다.
성공에 대해서 급하게 서두르지 않고,
교만하지 않으며,
역경에 처해도 포기하지 않는다.
한 가지 일이 끝났을 때 훌륭한 성공경험을 얻는다.
항상 긍정적인 사고를 가지고 끝까지 포기하지 않는다.

_로버트 H. 슐러

오프라 윈프리의
성공철학

남들의 호감을 얻으려 애쓰지 마라.
앞으로 나아가기 위해
외적인 것에 의존하지 마라.
일과 삶이 최대한 조화를 이루도록 노력하라.
주변에 험담하는 사람들을 멀리하라.
다른 사람들에게 친절하라.
중독된 것들을 끊어라.
당신에 버금가는,
혹은 당신보다 나은 사람들로 주위를 채워라.
돈 때문에 하는 일이 아니라면
돈 생각은 아예 잊어라.
당신의 권한을 다른 사람에게 넘겨주지 마라.
포기하지 마라.

_오프라 윈프리

성공의 7가지 신념

1. 어떠한 역경 속에도 최고의 기회,
   최고의 지혜가 숨겨져 있다.

2. 이 세상에 실패는 없다.
   단지 미래로 이어지는 결과가 있을 뿐이다.

3. 무슨 일이 일어나더라도 책임은 모두
   자신에게 있다는 사실을 명심해야한다.

4. 정보나 지식은 머리로 이해하는 것이 아니다.
   행동으로 옮기고 실천해야한다.

5. 인재야말로 최대의 자본임을 명심하고
   인간관계를 중시하자.

6. 인생 최고의 보람은
   일을 즐겁게 하는 데 있다.

7. 성공에 필요하다면 무슨 일이든
   하겠다는 생각을 가져야한다.

_앤서니 로빈스

게으름을
경계하기

어떤 사람이 외국으로 떠나면서 일꾼들을 불러 모았다. 그리고 일꾼들의 능력에 따라 자신의 재물을 맡겼다. 첫 번째 사람에게는 금 다섯 달란트, 두 번째 사람에게는 금 두 달란트, 세 번째 사람에게는 금 한 달란트를 맡겼다.(한 달란트는 34킬로그램을 말한다. 이를 현 시가로 환산하면 약 22억임)

금 다섯 달란트를 받은 사람은 장사를 하여 다섯 달란트를 벌어 10달란트가 되었다. 두 달란트를 받은 사람도 두 달란트를 벌어 4달란트가 되었다. 그러나 한 달란트 받은 사람은 금을 땅에 묻어 두었다.

외국에서 돌아온 주인은 일꾼들을 불러 그동안 어떻게 했는지에 대해 물었다. 다섯 달란트를 받은 사람은 다섯 달란트를 벌었다고 말했다. 그러자 주인은 잘했다고 칭찬했다. 두 달란트를 받은 사람도 두 달란트를 벌었다고 말하자 역시 잘했다고 칭찬해주었다. 그리고 더 많은 것을 맡기겠다고 말했다.

그러나 아무런 소득을 올리지 못한 한 달란트 받은 사람에겐 약하고 게으르다며 꾸중을 하고는, 그가 가진 것을 빼앗아 열심히 일한 열 달란트를 만든 사람에게 주었다.

이 이야기에서 보듯 주인은 최선을 다한 다섯 달란트, 두 달란트 받은 사람을 칭찬하고 인정해주었다. 그 이유는 맡은 일에 최선을 다하는 사람은 그 어떤 일을 맡겨도 잘 할 수 있다는 믿음 때문이다.

_김옥림

고난과 즐거움은
늘 공존하는 인생의 벗이다

어떤 소년이 있었다. 그는 그림 그리는 것을 너무도 좋아하였지만 집이 가난해 변변한 그림도구하나 없었다. 뿐만 아니라 신발을 살 수 없어 맨발로 걸어 다녔다. 지독한 가난은 소년에게는 참기 힘든 고난이었다. 그러나 소년은 가난이란 고난 앞에 무릎 꿇지 않고 최선을 다했다. 그의 그림 실력은 나날이 늘었고 많은 사람들이 그의 그림을 보고 감탄하였다.

"이 그림이 정녕 사람이 그린거란 말인가?"
"글쎄 그렇다니까."
"놀라운 일이야. 난 보고도 믿을 수가 없어."

사람들은 신의 경지에 이른 그림이라고 했지만 그는 거기에 만족하지 않고 더욱 노력한 끝에 세계미술사와 건축사에 길이 남는 화가이자 조각가이며 건축가가 되었다. 그의 이름은 너무도 유명한 미켈란젤로이다. 그는 성 〈베드로 성당〉을 건축했고, 〈모세〉, 〈다비드〉를 조각했으며 〈최후의 심판〉을 그렸다. 그가 가난이라는 고난을 이겨낼 수 있었던 것은 불굴의 의지와 신념이었다. 그는 고난 중에 기도하며 즐거움을 잃지 않기 위해 노력했던 것이다. 고난은 미켈란젤로에게 고통이 아니라 희망을 일구는 씨앗이었다.

_김옥림

게으른 자는
강도보다 더 나쁘다

자기가 맡은 일을 게을리 하는 자는
남의 물건을 빼앗는 자 보다도 더 나쁘다.

왜냐하면 그런 사람이 자기의 일을
게을리 함으로써 다하지 못한 일은
결과적으로 남이 해주기 때문이다.

이런 사람이야말로
스스로 일하여 벌어먹으려 하지 않고
남에게 부양해 주기를 강제하는 사람이다.

_타고르

성공하지 못한
사람들의 공통점

노력은 항상 이익을 가져다준다.
성공하지 못한 사람들에게는
항상 게으름이 문제다.
노력은 결코 무심하지 않다.
그 만큼의 대가를 반드시 지급해 준다.
성공을 보너스로 가져다준다.
비록 성공하지 못했을지라도 깨달음을 준다.
성공하지 못한 사람의 공통점은 게으름에 있다.
게으름은 인간을 패배하게 만드는 주범이다.
성공하려거든 먼저 게으름을 극복해야 한다.

_알베르트 까뮈

실패의
가치

사람은 살아가는 동안 크고 작은 일에 부딪치며
자신의 인생을 만들어 간다.
성공과 실패, 성공과 실패는 살아가는 동안 누구나 겪게 된다.

성공은 누구나 꿈꾸고 원하는 일이다.
성공은 사람을 들뜨게 하고 활짝 웃게 만든다.
그러나 실패에 대해서는 부정적인 시각을 갖는다.
실패는 가슴을 쓰리게 하고 울게 만들기 때문이다.

하지만 인생이 모두다 성공만 있다면
그 성공에 대한 고마움을 잃게 될 것이다.
실패는 단순히 그 일에 대한 실패만이 아니라
인간들에게 겸손을 일깨우는 좋은 기회가 된다.

실패는 성공에서 얻는 교훈
그 이상의 가치를 갖고 있다.
실패를 절대로 두려워 하지마라.
실패는 누구나
흔히 하게 되는 삶의 일부분일 뿐이다.
그 실패를 이겨 낸 자만이 인생의 참 모습을 알게 될 것이다.

_김옥림

일곱 번 넘어지고,
여덟 번 만에 일어나다

나는 젊었을 때
정치에 뜻을 두고,
여러 가지 어려운 일을 많이 겪었다.
실패를 한 것도 한두 번이 아니다.
그러나 두려워하지 않고
시도한 결과 대통령이 될 수 있었다.
생각하면 나의 생애는
일곱 번 넘어지고,
여덟 번 일어났던 것이다.

_프랭클린 루즈벨트

승자와
패자

승자와 패자에겐 몇 가지 대비되는 특징이 있다. 승자는 첫째, 무슨 일이든 낙관적이고 긍정적으로 생각한다. 둘째, 성공을 예감하고 일을 시작한다. 셋째, 길이 없으면 길을 찾고, 찾아도 없으면 길을 만들어서 간다. 넷째, 창의적인 상상력을 지녔다.

반면에 패자는 첫째, 무슨 일이든 비관적이고 부정적으로 생각한다. 둘째, 성공을 예감하기보다는 되는 대로 일을 시작한다. 셋째, 길이 없으면 갈 생각을 아예 하지 않는다. 넷째, 고정관념에 사로잡혀 변화를 두려워한다.

"승자는 눈을 밟아 길을 만들지만 패자는 눈이 녹기를 끊임없이 기다리고 기다린다."

이는 〈탈무드〉에 나오는 말인데 능동적이고 적극적인 생각과 부정적이고 소극적인 생각의 차이를 확실하게 보여준다.

사람은 누구나 성공하고 싶어 한다. 성공은 기분 좋은 일이며 행복한 일이기 때문이다. 하지만 성공하고 싶다고 누구나 성공하는 것은 아니다. 성공할 준비가 되어 있는 사람만이 성공할 수 있다.

_김옥림

어리석은
사람

실패한 사람이 모두
어리석은 것은 아니다.

실패를 하고 자신과 타인을
난처한 상황에 빠지게 했음에도
속죄하지 않는 사람,
실패한 후 진지하게 타개책을
고민하지 않고 타인을 원망하거나
추세에 의지하려는 사람이
진정 어리석은 사람이다.

_논어

패배주의로부터
자신을 벗어나기

남을 넘어서려는 마음, 공격하고 비판하는 마음 등이 자신을 자유
롭지 못하는 하는 적이다.
이런 마음에 사로잡히면 부정적인 생각의 지배를 받게 되고, 패배
주의에 빠지게 된다.
패배주의는 자신의 인생을 파괴시키는 무서운 괴물과도 같다.
패배주의에서 벗어나기 위해서는 자신과 같이 상대를 존중해주는
마음을 가져야 한다.
그렇게 되면 남을 넘어서려는 마음에서, 남을 공격하고 비판하는 마
음에서 벗어나게 됨으로써 부정적인 자아로부터 자유로울 수 있다.

_김옥림

한 걸음 한 걸음씩
나아가기

위대한 사람은 단번에
그와 같이
높은 곳에 뛰어 오른 것이 아니다.

동반자들이 밤에 단잠을 잘 적에
그는 일어나서 괴로움을 이기고
일에 몰두했던 것이다.

인생은 자고 쉬는 데 있는 것이 아니라
한 걸음 한 걸음 걸어가는 속에 있다.

성공의 일순간은
실패의 쓴맛을 보상해준다.

_로버트 브라우닝

실패의 의미

이 세상의 모든 성공은 실패를 딛고 이루어졌다. 사람 또한 마찬가지다. 실패를 통하지 않고는 진실한 사람으로 거듭날 수 없다.
미국 NBA 농구의 살아 있는 전설 마이클 조던. 그는 어느 위치에서 볼을 던져도 슛 성공률이 높다. 그가 최고의 슈터가 될 수 있었던 것은 다른 선수들이 쉴 때 끊임없이 던지고 또 던졌기 때문이다. 뿐만이 아니라 그는 농구선수로는 비교적 작은 키(196Cm)지만 덩크슛의 귀재이기도 하다. 그는 자신의 핸디캡인 작은 키를 극복하기 위해 다리가 아프도록 제자리높이뛰기를 연습하였다. 그 결과 그는 용수철 같은 탄력을 키울 수 있었다. 그의 점프실력은 1미터가 넘는다고 하니 그저 놀라울 따름이다. 그가 그렇게 되기까지에는 수많은 연습과정이 있었다. 꾸준한 연습으로 거듭된 실패를 극복하였던 것이다.

마이클 조던은 자신의 성공을 묻는 질문에 이렇게 말했다.

"나는 살면서 수많은 실패를 거듭했다. 그러나 바로 그것이 내가 성공할 수 있었던 이유다."

얼마나 솔직하고 긍정적인 말인가.
실패를 두려워해서는 결코 자신을 넘어설 수 없다. 실패를 넘어설 수 있을 때 자신이 원하는 것을 손에 쥘 수 있다.

_김옥림

인간의 참된 영광이란

누가 가장
영광 있게 사는 사람인가는
한 번도 실패함이 없이
나가는 데에 있는 것이 아니라,

실패할 때마다 조용히 그러나
힘차게 다시 일어나는 데에
인간의 참된 영광이 있다.

_골드 스미스

고결한 마음이 원하는
인간이 되게 한다

당신은 원하는 인간이 될 수 있다.
비열한 마음은 실패의 원인을 환경에서 찾지만,
그것을 나무라는 고결한 마음은 늘 자유롭다.
고결한 마음은 시간을 거느리고 공간을 다스린다.
겁먹은 허풍선인 사기꾼 우연은 전제군주
환경의 왕관을 빼앗으려고 의욕적으로 봉사한다.

인간의 뜻, 그 보이지 않는 힘,
멸하지 않는 영혼의 자손들은 두꺼운 암벽도 뚫고
목표를 향해 길을 넓혀간다.
또박또박 걸어가는 지루한 노정에도
인내를 버리지 말아야한다.
이해하는 자여, 기다려라.
고결한 마음이 부르면 신들도 필시 화답할 것이다.

_제임스 앨런

시련을
두려워하지 않기

"상처 입은 굴이 진주를 만든다."

미국의 시인이자 사상가인 랠프 왈도 에머슨은 말했다. 아주 적절한 지적이 아닐 수 없다. 여기서 상처란 무엇인가. 그것은 곧 시련의 아픔을 말한다. 인생을 살아가다보면 뜻하지 않는 문제에 수시로 봉착하게 된다.

그런데 지혜로운 자는 시련을 행복을 누리는 기회로 만든다. 하지만 어리석은 자는 자신의 인생을 송두리째 날려버린다.

시련을 두려워하지 마라. 누구에게나 시련은 따라붙는 그림자와 같다. 시련이 다가오면 끈기와 인내로 물리치면 된다. 인생의 문제 앞에 당당히 맞서는 그대가 돼라.

_김옥림

실패에는
영웅이 없다

사람들이 두려움을 갖는 건 실패에 대한 두려움 때문이다. 이런 두려움에서 벗어나려면 넘어지는 것을 두려워해서는 안 된다. 모든 성공 뒤엔 수많은 실패가 있었지만 두려워하지 않았기에 성공할 수 있었다.
 러시아 국민 시인 푸쉬킨은 말했다.

"실패에는 영웅이 없다. 사람은 누구나 실패 앞에서는 보통 사람일 뿐이다."

그렇다. 아주 적절한 지적이다. 실패는 사람을 가리지 않는다. 다만 똑 같은 실패를 어떻게 받아들이느냐에 따라서 결과는 달라지는 것이다. 자신의 꿈을 이루고 싶다면 넘어지는 것을 두려워하지 마라.

_김옥림

시련은
누구에게나 온다

시련을 참고 견디는 사람에게
은총이 있을 것이다.
하나님은 모든 사람들에게 시련을 내린다.

어떤 사람에게는 재물로
또 어떤 사람에게는 가난과 비천함으로
재물이 필요한 사람에게는 인색하지는 않은가
그것은 부귀한 사람의 시련이다.

스스로 불평 없이 고난의 운명을 견뎌낼 수 있는가.
그것은 가난하고
비천한 사람에게 내려진 시련이다.

_탈무드

크라이슬러의 성공은
거듭된 실패의 경험에서 왔다

어떤 젊은이가 있었다. 그는 퇴근하자마자 창고 건물로 가서 자동차를 연구하였다. 밤새 뚱땅 거려 동네 사람들에게 항의 받기를 밥 먹듯 하였다. 그렇지만 그는 포기하지 않고 계속해서 연구에 몰두하였다. 수많은 실패를 거듭하면서 그는 실패의 원인을 찾기에 골몰하였다. 그렇게 땀과 열정을 쏟은 끝에 드디어 자신이 원하는 차가 완성되었다. 그는 많은 사람들이 지켜보는 데 시운전을 해보았지만 그만 실패를 하고 말았다. 어이없게도 차가 굉음을 내며 밭으로 곤두박질 쳤던 것이다.

하지만 그는 좌절하지 않았다. 실패의 원인을 찾기 위해 그동안의 경험을 차근차근 되살리며 연구하였다. 그리고 마침내 성공하였다.

많은 사람들은 그를 축하해주었고 그는 자동차 회사를 설립하였다. 그의 자동차 회사는 미국의 빅 쓰리(포드, 제너럴 모터, 크라이슬러) 가운데 하나가 되었다. 그의 이름은 크라이슬러이고 자동차 회사 역시 그의 이름처럼 크라이슬러이다. 자신의 이름을 따 회사이름을 삼았던 것이다. 크라이슬러가 성공할 수 있었던 가장 큰 요인은 바로 실패를 통한 경험이었다.

_김옥림

패배의 원인은
늘 자신에게 있다

전력을 다해 싸우는 사람에게는
언제나 승리가 있다.
그리고 그 승리는
죽음조차도 멸망시킬 수 없는 강한 것이다.

불굴의 정신이여 싸워라, 전진하라.
행복과 불행에 혼미해지지 말고
정의는 반드시
승리를 얻으리라는 믿음을 가져라.

멸망하는 것은 언제나 부정뿐이다.
모든 정의는 영원히 법칙 속에 있으며,
세계의 목적을 실현시키는 것이다.

패배의 원인은 늘 자기 자신에게 있다.
결코 다른 것에 의해서
패배하게 되는 것은 아니다.

_칼라일

마음껏 실패를
경험하라

실패는 지금 하는 일을 그만두는 계기가 될 수도 있지만, 그 원인이 무엇인지 살펴본다면 중요한 교훈을 얻을 수도 있다. 실패가 두려워 위험을 감수하지 않는 사람보다는 자주 실수를 저지르는 사람이 훨씬 더 많은 것을 배울 수 있다. 지금 하고 있는 일과 목표에 대한 열정이 있다면 그 목표를 성취하는 과정에서 수없이 많은 실패를 경험한다 해도 마침내 좋은 결과를 얻어낼 것이다.

사고와 실패, 실수를 통해 우리의 진정한 관심사가 무엇인지 깨달을 때도 많다. 예를 들어 직장에서 성공적으로 완수해야 할 프로젝트를 맡았는데 관련된 공부를 하기 위해 근처 대학의 야간 과정을 등록했다. 그러나 어느 날 실수로 잘못 들어간 강의실에서 때마침 관심을 끄는 흥미로운 주제를 발견하게 되고, 결과적으로 인생의 길이 바뀐 경우도 있다.

당신의 삶에서 찾아오는 실패들로 마음이 고단해질 때면 스스로에게 말해주라.

"내가 성공할 기회가 또 다시 높아졌군!

_바바라 골든

좋은글 다이제스트

: 참 좋은 인생을 위한 반짝반짝 참 좋은 말씀

1판 1쇄 발행 2015년 1월 15일
편저 김옥림 **펴낸곳** 북씽크 **펴낸이** 최석원
주 소 서울시 성동구 행당동 192-29 성동샤르망 1019호 **전 화** 070-7808-5465
등록번호 제206-86-53244
ISBN 978-89-97827-62-6 **이메일** bookthink2@naver.com
Copyright ⓒ 2015 김옥림

＊잘못된 책은 구입처에서 교환해 드립니다